行政LMS

行政リーガル・マネジメントシリーズ II

基本争訟法務

◆ 自治体行政救済法（基礎）編 ◆

友岡 史仁 著

信 山 社

は し が き

　本書は、行政 LMS（リーガル・マネジメントシリーズ）2冊目として、自治体における争訟法務に関する基本事項を扱う。争訟法務は自治体における「政策法務」の一つに当たるが、本書では、中でも自治体が市民などから訴訟が提起される場合の対応実務として行政救済法制を取り上げる。

　行政救済法制は、法学部を中心に大学での行政法講義の一環として取り上げられる分野だが、争訟法務においても中心的に論じられる。ただし、その沿革は、原告側が自らの権利利益を回復することにあるため、自治体側が相手方（被告）となり常に適法性を主張する姿勢には批判的である。

　しかし、争訟法務では、紛争の予防はもちろん、市民の側から提起された訴訟に誠実に対応することが、より良い行政活動へとつながる契機と説かれる。そうであれば、行政救済法制を適切な行政活動のツールとして、その活用方法を知り、法制度自体を適切に理解することが、現在求められているといえよう。

　筆者は、政策法務研修において、行政救済法制をテーマにした講演を行ってきた。研修参加者は自治体議会の議員の方々のほか、各自治体から派遣された公務員の方々が主であったが、いずれも学生時代に少し制度に触れたり、専門に特化はするが制度のあるべき運用方法には必ずしも精通していない方々が多数と思われた。研修参加の目的は様々としても、そのような方々が、条例の在り方や紛争の未然防止、その他、行政救済法制の基礎的知識を身につけておくことは、市民の利益にかなった適正な行政活動を維持するうえで必須と思われる。

　本書は、そのような方々の実務ニーズを前提に、主に研修時のテキスト（サブテキスト）として活用されることを期待した内容となっている。本書の特徴として、行政救済法制の基本事項を体系的に整理した図表を活用しつつ解説し、加えて重要と思われる最高裁判決（判例）と並ぶ類書では見かけない下級審判決（裁判例）もトピック的に取り上げ、近時の事例傾向や日常業務の中から関連事例の存在を確認できるよう心掛けている。なお、最高裁判決（判例）のう

はしがき

ち自治体の争訟法務における基本事項に関わるものは枠入りの**基本判例**とし、事実の概要と判旨を詳述することで、事例の背景事情が分かるよう試みている。

　本書を筆者が企画した行政 LMS の一つとできたのは、ひとえに信山社の寛大な理解による。中でも同社編集部の稲葉文子氏にはお世話になった。厚く御礼申し上げたい。

2022 年 12 月

友岡　史仁

目　次

第1部　自治体行政不服審査

第2部　自治体行政事件訴訟

第3部　自治体賠償・補償請求訴訟

第4部　その他の自治体行政争訟──住民訴訟

凡　　例

【判例集】

行集	行政事件裁判例集
裁判所 HP	裁判所ホームページ
判時	判例時報
判自	判例地方自治
民集	最高裁判所民事判例集
LEX/DB 文献番号	TKC 法律情報データベース LEX/DB 文献番号

【裁判所略語】

最判（決）	最高裁判所判決　（決定）
	大法廷判決のみ　「最大判」
○○高判（決）	○○高等裁判所判決　（決定）
○○地判（決）	○○地方裁判所判決　（決定）
○○地△△支判（決）	○○地方裁判所△△支部判決　（決定）

【判例引用例】

最判平成 14・7・9 民集 56 巻 6 号 1134 頁

　　　　→　平成 14 年 7 月 9 日最高裁判所判決
　　　　最高裁判所民事判例集 56 巻 6 号 1134 頁

【法令名通称】

原子炉等規制法	核原料物質、核燃料物質及び原子炉の規制に関する法律
個人情報保護法	個人情報の保護に関する法律
障害者雇用促進法	障害者の雇用の促進等に関する法律
障害者支援法	障害者の日常生活及び社会生活を総合的に支援するための法律
独禁法	私的独占の禁止及び公正取引の確保に関する法律
廃棄物処理法	廃棄物の処理及び清掃に関する法律

【文献略称】

北村ほか・自治体政策法務	北村喜宣＝山口道昭＝出石稔＝磯崎初仁編『自治体政策法務』（有斐閣、2011 年）
塩野・行政法 II	塩野宏『行政法 II 行政救済法〔第 6 版〕』（有斐閣、2019 年）
施行状況調査	総務省「令和元年度における行政不服審査法の施行状況に関する調査結果 ── 地方公共団体における状況 ──」

行政 LMS Ⅱ

基本争訟法務

◆ 自治体行政救済法（基礎）編 ◆

序章① 争訟法務の基本

> 自治体実務に関する争訟法務について、その内容と求められる機能のほか、主に被告側となる自治体とその職員が、どのように争訟に接すべきかをめぐる基本的考え方を概観する。

1 争訟法務とは？

(1) どのような法務か？

　問題となる場面に遭遇した際、リーガルマインド（法的思考）を用いて解決するのが法律実務（いわゆる「法務」）である。現在、分野別に特化した状態にあるが（例、税務法務、企業法務等）、このうち、本書に取り上げる争訟法務は、**自治体が被告となって訴訟を提起された場合、訴訟への対応だけでなく、それまでの行政活動を評価・見直すことで、改善につなげる業務**を指す。

　自治体においては、法律・条例の執行（執行法務と呼ばれる）がなされた結果、なにがしかのトラブルによって市民との間で訴訟になることが想定される。本来、執行法務は争訟法務とは別個のものと認識されるが、これら二つの法務はともに密接な関連性があるものと常に意識すべきである。

(2) 法治主義（法令順守・コンプライアンス）が出発点

法治主義と争訟法務

　争訟法務の出発点は、とりもなおさず法治主義である。法治主義は、行政活動には法律の根拠が必要という原理であり、「法律による行政の原理」や「法治行政の原理」とも呼ばれる。企業でも法令順守（コンプライアンス）と表現するが、自治体でも同様である。

　具体的には、法律により定められた事項のほかにも、条例や規則に則ることが必須となり、通常はそのような運用が意識されて来た。しかし、これまで慣習的に正しいと考えられてきた条例等の運用方法が現状に見合わない場合など、時を経るにつれ市民ニーズにそぐわない実態が生ずることは必至である。にもかかわらず、訴訟において勝利必勝主義から行政の無謬性を目指すことは、市民ニーズと逆行し、本来期待される自治体活動と

は異なるため、現状を果敢に見直すことが求められる（これを評価法務ということがある）。

政策法務の中でも、争訟法務は**受動的政策法務**に当たるとされる。これは、評価法務などの**能動的政策法務**と対峙する概念で説明される。確かに、自治体自らが率先して市民ニーズに照らした見直しを間断なく行うことが理想だが、膨大な日常業務をこなすことだけで時間をとられることを踏まえれば、現実的には厳しい。このため、損害等を受けたと主張する市民が自己の権利利益を回復する訴訟（紛争）を提起したことを契機に、従前の運用方法の見直し（フィードバック）に臨むことが、争訟法務の在り方としては一般的であろう。このため、紛争の未然防止の観点からは、受動的・能動的いずれもシームレスな関係が求められる（具体策については→2）。

2　争訟法務の達成目標

(1)　紛争防止・処理機能 *

争訟法務には、紛争を未然に防止したり処理する諸機能が期待される（予防法務とも称される）。具体的には、事案別解決を挙げることができるが（→3）、紛争の防止といった場合、例えば**争訟（訴訟のほか審査請求といった不服申立て）に至らない手だてを考慮することも求められる**（不服申立ては 第1章 参照）。

また、一度紛争が生じた場合に事後的にその再発の回避に向かうために条例改正その他の改善が求められるのも、この機能による。

(2)　住民福祉の適合化機能

争訟を契機に、日常業務が住民福祉にどの程度適合的かについて検証が進む考え方もある。例えば、自治体の無駄遣いを是正する目的で、住民が原告となり提起される住民訴訟がある（住民訴訟は 第15章 など）。被告となった自治体は、無駄遣いとされた支出行為が法的に見て適法であることを前提にしつつも、提起されること自体を重要視し、**政策的に見て住民福祉のための妥当な支出か否かという多角的な視点に立ち判断する必要性**がある。

(3)　説明責任の履行機能

争訟が提起されることで、被告となる自治体は自らの行政活動について、

＊このあたりに関する検討は、出石稔「自治体における『評価・争訟法務』の意義と課題」北村ほか・自治体政策法務24頁以下参照。

法廷の場で法的に説明する責任があることはもちろん、市民向けに自らの立場を公表することも考えられる。特に処分の当事者ではない第三者が訴訟を提起する場合に言えることである（三面関係について 序章②）。

　この場合、訴訟の提起に関わらず、自治体側は法治主義にのっとり適法に自らの行政活動が行われてきたと主張することになるが、紛争の過程の中で、そのことの是非が問われることにもなろう。したがって、適法性を維持する意味での説明責任と合わせ、行政運営の必要性・妥当性という政策的観点からの課題も、浮かび上がることになる。

3　解決の具体的方向性

(1)　事案別解決

誤りの是正
　行政機関による法執行に際し、法律や条例をはじめとして自治体の行政活動に誤りがあると判明する場合、それを是正することが考えられる。例えば、情報公開請求をしたところ不開示決定を受けた際、添付された処分理由書の記載が不十分であったことを理由に取消訴訟で原告側（請求人側）が勝訴すれば、事後に記載の程度が十分になるように是正することはもちろん、処分時の理由内容の精査など恣意的な行政運営の抑制につなげるといった解決策が考えられる（取消訴訟については 第4章 以下）。

　以上に合わせ、理由提示の件は、申請拒否処分や不利益処分を行う上で、担当課はそれらの理由を明確にする意識を日常業務の段階で常に持っておくことが必要である。また、処分について争訟に至れば、争点がこの処分理由の内容に沿って成り立つことにも気づいておきたい。

和解による方法
　市民等から訴訟が提起された場合も**和解による解決は十分考えられる**。公営住宅の家賃滞納の事例では、建物の明渡請求訴訟が提起されることが想定されても、和解の可能性を事前に模索することを想定した実務があるように（例、浜松市営住宅家賃等滞納整理事務処理要領）、複数の事案別解決策が見られる。

(2)　立法的解決

条例・規則等制定改廃の影響
　争訟を通じて根拠となる条例・規則等の制定改廃にまで及ぶことになれば、大きな影響が考えられる。とりわけ、条例の制定改廃には議会の議決が必要

となるためだが（地方自治法96条1項1号）、実はそれ以上に、**法治主義に照らしたそれまでの行政実務に根本的な誤りがあったことを認めること**につながり、その一方では現場の抵抗感やそれを認めない組織的圧力が登場することも考えられる。したがって、できるだけ立法的解決はしたくないというのが、実務担当者の見解になると想像できる（それゆえに徹底的に争う方向に行く）。

担当課等への期待　法治主義に照らした行政実務を標ぼうすれば、当然、制度を改めなければ解決できない場合も十分考えられる。このことから、**担当課等には具体的な改善策を見極める能力が常日頃から備わっていることが期待されよう**。また、条例制定・改廃の際は、その理由を克明にするなど、市民に対する適切な説明が求められる。

⑶　運用的解決

事案別解決や立法的解決は紛争の事後的な改善策の側面があるため、訴訟の提起があるまでは未然に紛争回避ができていなかったことを意味する。これに対し、**事前に紛争の実態や類型を予測し、できるだけ制度運用面から紛争の解決を図ることをもって、事前の改善策を講ずること**が考えられる。これは、関連する制度を事前に熟知し、市民ニーズが適切に反映された運営となっているかを常に監視することが求められる。

⑷　組織的解決

様々な在り方　運用的解決とは別に、組織の中で争訟法務への対応が考えられる。例えば、訴訟担当となる法務課が被告の立場として主張を準備する場合、法的な専門知識が求められる。このため、庁内の状況を鳥瞰できる総合職採用のキャリア職員以外にも、雇用可能な自治体であれば、法廷弁護を念頭に置いた任期付法曹の採用も適宜求められよう。

情報公開請求の例　情報公開請求の対象文書が制度上必ず不開示と判断される場合であっても、請求人が制度の前提を十分に理解せずにあえて審査請求を行おうとするケースが考えられる（例、妻に関する個人情報を夫が情報公開条例に基づき開示請求する場合であり、請求人は家族であろうと第三者として扱われるため、その夫は必ず不開示決定を受けることになりその決定の取消しを求める場合）。もちろん、開示請求の

段階での対応のほか、事務局として審査請求があった場合には誠実な対応が求められるが、請求そのものを回避することで行政コストを抑えるという考え方もできる。この場合、例えば担当弁護士等が制度解説とあわせ、請求人に本人の希望通りにならない旨を知らせることで、納得の上で請求が取り下げられることも、紛争回避の一例といえるだろう。

| セミナー等の活用 |

紛争のきっかけは、行政活動すべてにおいて常に生じる。このため、争訟法務に関わる検討会・セミナー等による専門知識の向上を通じ、職員として運用的解決（→(3)）に関わる知識の習得を目指すことも心がけるべきである。

4 判例・裁判例・答申例と争訟法務

(1) 重要性

| 検証の必要性 |

争訟法務において、裁判所の判断を検証することは極めて重要である。具体的には、最高裁判決（判例）及び下級審判決（裁判例）が、過去の事例に対する法律の適用例として重要となる。中でも判例は、最高裁判所自らとともに下級裁判所が判決を出すうえで、先例として重要であるとともに、行政活動に関する事例であれば社会的に影響も大きい。

また、判例・裁判例を知っておくことで、類似の事例において法律の適用を予測し安定した事案解決につながるため、紛争回避を容易にする。このように、判例・裁判例の検証は、自治体の争訟法務においても極めて重要となる。

| 審査会答申例 |

自治体の審査会による答申例も、判例・裁判例と同様に、争訟法務の観点から検証が必要となる。中でも、情報公開・個人情報保護審査会や行政不服審査会における答申例は、多数見られる（行政不服審査会の組織・権限については 第3章 ）。ただし、争訟法務の観点からは、同じ自治体内での答申例だけでなく、他の自治体、ひいては国のそれといったように、類例に関する調査の範囲をできるだけ広く考慮することが必要である＊。

(2) 検証方法

| 判例・裁判例の構成 |

判例・裁判例は、大きく分けて(i)事実の概要→(ii)当事者の主張→(iii)判旨（裁判所・審査会の判

＊調査の範囲は、網羅的というより、争点となり得る考え方に関するものを意識することが求められよう。

断部分）の順に構成される。この中でも、

- (i)　事実の概要：どのような問題背景があったか
- (ii)　当事者の主張：原告・被告（行政庁等）がどの点を争っているか（争点）
- (iii)　判旨：実際の法律の当てはめ方

の三点に気を付けて読む必要がある。審査会における答申例でも同様である。

　また、判例・裁判例・答申例を読む際、目前の事案解決に直結する部分を切り取って理解することはリスクを伴う。欲しい回答であっても、事実関係が異なった場合は異なる結論に至る可能性が高いからである。情報公開事例であれば、不開示情報の該当性はその事案に見合った背景事情に左右されるため（すでに他の事例で開示されてきたか、第三者の不利益はなくなっていないか等）、**事例を読み解く力が求められる**。

| ウェブサイト・市販解説の重要性 |

　もっとも、限られた業務時間の範囲で詳細な検証を行うことには限界がある。このため、著名な判例や最新の裁判例などは裁判所ウェブサイト（https://www.courts.go.jp/index.html）のほか、解説（判例批評や評釈と呼ぶこともある）を掲載した市販雑誌等が公刊されていることもあるので、適宜、そちらに当たることが必須である。

　なお、本書では、解説文中のほか、各章においてこれらの先例を基本判例の見出しでまとめて取り上げているので、そちらも参照されたい。

序章② 自治体行政救済法制の基礎

争訟法務において問題となる訴訟にはどのようなものがあるのか、また、それを被告の側として受ける自治体がどのように接すべきかについて、基本的内容を概観する。

1 争訟法務の対象となる訴訟（基本）

(1) 民事訴訟

典型例　　私人が当事者となる事件を、一般的に民事訴訟という。民事訴訟の典型には、財産上の利益を主張する訴訟などがある。例えば、土地の売買契約が成立しているにもかかわらず買主が代金未払いであれば支払いを求める場合（債務不履行による未払金請求）、自分の所有する土地から退去を求める場合（所有権に基づく妨害排除請求）などである。

自治体の場合、土地の売主や所有者という立場から、このような民事訴訟を提起できることになり、私人と法的には同様の立場として解されることになる。ただし、**争訟法務として重要となるのは、自治体が被告となる場合**であり、中でも国家賠償法に基づく損害賠償請求が重要となる（国家賠償法の基本構造については 第12章 ）。

法律上の争訟　　**自治体が行政上の義務履行*を求める手段として民事訴訟を用いる場合、判例はこれを認めない。**例えばパチンコ店が自治体の規制条例を守っていないことを理由に工事中止命令の仮処分申立てが認められるかが争われた民事訴訟において、基本判例0−1 最判平成14・7・9民集56巻6号1134頁［宝塚市パチンコ店等規制条例事件］は裁判所法3条1項に規定する「法律上の争訟」ではないとされ市側の主張を認めなかった。

> 裁判所法3条1項
> 裁判所は、日本国憲法に特別の定のある場合を除いて一切の法律上の争訟を裁判し、その他法律において特に定める権限を有する。

＊行政上の義務履行とは、市民に対し何らかの命令を出すことで一定の行為を義務付け、それを行わないことに対する履行を求めるものである。

最判平成14・7・9民集56巻6号1134頁〔宝塚市パチンコ店等規制条例事件〕
【事実の概要】 X（原告、上告人、宝塚市）は条例でパチンコ店出店に際して市長の同意を必要とするなどとして、同意なく建築を進めようとする者に対し建築の中止、原状回復等の命令を可能にしていた。そこで、Y（被告、被上告人）であるパチンコ店に対する工事中止命令、工事続行の禁止命令に係る仮処分の申立て後に民事訴訟が提起された。
【判旨】破棄自判 「国又は地方公共団体がもっぱら行政権の主体として国民に対して行政上の義務の履行を求める訴訟は、法規の適用の適正ないし一般公益の保護を目的とするものであって、自己の権利利益の保護救済を目的とするものということはできないから、法律上の争訟として当然に裁判所の審査の対象となるものではなく、法律に特別の規定がある場合に限り、提起することが許されるものと解される」。
【ポイント】 ①市が私人に条例上の義務を履行させるため民事訴訟は使えるか？②市に出店を抑制する事前事後の手段が他にはなかったのか？

　本件については、市の敗訴後に新条例（「宝塚市パチンコ等及びラブホテルの建築の規制に関する条例」）の制定に伴い規制区域の適正化を図るなどの対応を行っているとされる＊。

　(2)　行　政　訴　訟

行政事件訴訟法 2 条
この法律において「行政事件訴訟」とは、抗告訴訟、当事者訴訟、民衆訴訟及び機関訴訟をいう。

　国・自治体（**行政主体**と称する）が被告となる場合の事件であり、行政事件訴訟法に基づく訴えを、一般的に行政訴訟という。行政訴訟という文言に明確な定義はないが、行政事件訴訟法には「行政事件訴訟」として4つの種類が規定されている。これらの訴訟のうち、**抗告訴訟、当事者訴訟及び民衆訴訟は市民といった私人を原告とした訴え**を想定するのに対し、機関訴訟のみもっぱら行政機関が原告となる。
　また、処分に関する訴訟が抗告訴訟であり、例えば、営業許可の取消処分を受けた市民がその取消しの訴え（取消訴訟）を提起する場合がこれに当たる（行政事件訴訟法を含めて 第4章 参照）。このほか、民事訴訟における仮処分と似た仮の救済として、行政事件訴訟法は執行停止（25条）のほか、仮の義務付けと仮の差止めのそれぞれを設けている（37条の5）。こ

＊条例の趣旨 出石稔「政策法務としての争訟法務」北村ほか・自治体政策法務302−303頁参照。なお、例えば敗訴前にパチンコ店排除を狙いとした「特別用途地区」へと変更するといったことは、当該パチンコ店への「狙い撃ち」となるものと考えられる。

れは処分について民事保全法の規定を適用しないことに伴うためである
（44条）。

図　二面関係・三面関係

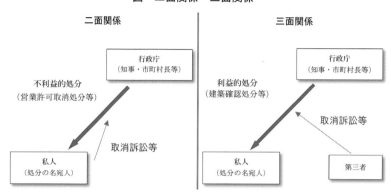

2　主観的利益に関する訴訟

⑴　二 面 関 係

被害の種別　　　　　　　行政救済法制は、行政から不利益を受けた私人（市民
個人）を救済するための法制度として構成されてきた。
したがって、原告は自らが不利益を受けたと主張する市民であり、被告は
都道府県・市町村といった自治体である。ここにいう不利益とは、原告個
人の財産上の利益、生命・身体に関わる不利益であり、主観的なものであ
る。したがって、主観的利益を侵される場合を、行政救済法制は対象とす
る（**主観訴訟**と呼ばれる）。具体的には、営業許可の申請に対する拒否処分
の取消訴訟などが、これに当たる（取消訴訟については**第4章**）。主観的
利益を侵される場合、通常は処分をはさんで一対一の関係としてとらえら
れるので、**二面関係**と呼ばれる。

自治体が原告となる訴訟の可否　　　　　　自治体自らが不利益を受けたとして、
市民を訴えることはできるだろうか。
例えば、自治体施設に損害を与えた市民がいれば、民法709条（不法行為）
に基づき損害賠償を請求でき、市営住宅の家賃滞納があれば督促状を出し
その後は民事執行法に基づき建物の明渡しや賃料分回収のための強制執行
を求めることができる*。ただし、行政上の義務履行について

＊公営住宅
の場合、各
自治体で条
例（例、横
浜市営住宅
条例）や「家
賃等滞納整
理事務取扱
要領」（例、
浜 松 市 ）
が定められ、
滞納に関す
る諸事項が
記載されて
おり、そち
らの手順に
従うことが
予定される。

11

基本判例 0—1 ［宝塚市パチンコ店等規制条例事件］のように、同じこと
を民事訴訟で実現しようとすれば「法律上の争訟」に該当しないと解され
るケースもあるので、注意が必要である。

(2) 三面関係

被害の種別　　　　建物工事による騒音被害や日陰による被害は、財産上
の利益、生命・身体に関わる利益とは異なり、人によっ
て被害の受け止め方に係る度合いが異なるといえるものであって（甘受で
きる騒音や日陰は客観視しにくいという趣旨）、**不利益度が客観的に測りにく
いものである**。このような被害についても、建築主（実際には工事事業者）
に対する工事差止訴訟や損害賠償訴訟といった民事訴訟が提起されること
が考えられるが、これは二面関係である。

争訟法務の観点　　　　建築工事を認めた自治体の判断に誤りがあるとし
て訴訟が提起される場合が重要である。例えば、建
築基準法 6 条は、建築主が建築物を建築する場合に建築主事等に対する確
認申請を行うが、騒音・日陰等の被害を主張する周辺住民が建築主事の属
する市に確認処分の取消しを求める構図がこれである。

　この構図は、先の二面関係とは異なり、処分をはさみ一対一の関係に第
三者が介在するので、**三面関係**とされる。この場合、必ずその第三者が訴
えの利益があるか否かが問題とされる（原告適格〔訴えの利益〕について
は 第 6 章 参照。同じことは行政不服審査制度にも当てはまる。 第 2 章 ）。

3　客観的利益に関する訴訟

(1) 訴訟の種類

　市民が主観的な利益を侵されたことのほかにも、何らかの法的な資格に
基づき訴えを提起することが考えられる。これを**客観訴訟**と称することが
ある。この訴訟は主観的利益を争う主観訴訟（→ 2）のような「法律上の
争訟」という位置づけではないため、法律の規定により別途定められて初
めて認められる訴訟である。客観訴訟の数は当然に少なく、行政事件訴訟
法では**機関訴訟と民衆訴訟の二種類**が認められる。

(2) 機関訴訟

　機関訴訟は、例えば、地方自治法は、国の機関が都道府県知事や市町村
長に対し是正を指示してもそれに呼応した措置を講じられない場合には不

作為の違法確認訴訟を高等裁判所に提起できるとしているように（251条の7）、機関訴訟とは**機関同士の争いに関する訴訟**を指す。

判例（最判平成28・12・20民集70巻9号2281頁）では、基地移設に伴う公有水面埋立事業において、公有水面埋立法の要件に適合するとして前知事が埋立承認を行ったにもかかわらず職権で承認を取り消した処分について、国土交通大臣が是正を指示したのに当該処分の取消しをしないことが不作為で違法とする確認請求が認容されている。

（3）民 衆 訴 訟

| 概 説 |

「住民」という資格のみで提起できる**住民訴訟**（地方自治法242条の2）、「選挙人」という資格のみで提起できる**選挙訴訟**（公職選挙法203条）がある。行政事件訴訟法ではこれを**民衆訴訟**とし、法律上の規定がある場合にのみ提起できることにしている（42条）。

なお、以上に掲げた訴訟について、住民訴訟であれば監査委員に対する住民監査請求（地方自治法242条、第16章）、選挙訴訟であれば、選挙管理委員会に対する異議申出・審査申立て（公職選挙法202条）といったように、**訴訟に先立ち訴えを精査する審理手続が前置されている点**に注意を要する。

| 選挙訴訟 |

国政における一票の格差訴訟は著名であるが、自治体関連の事例がいくつか見られる。

これまで投票無効請求が認められた事例として、①市長選挙において不在者投票事由に該当するか否かの審査義務を尽くすことなく投票を認め、立会人を実質的に認めなかったなどずさんな管理執行手続の下で行われたため違法であり、不在者投票の総数が当選者と落選者の得票差を上回っている以上、選挙結果に異動を及ぼすおそれがあるとして無効請求が認容された判例（最判平成8・5・31民集50巻6号1360頁）、②電子投票機により実施された市議会議員選挙において投票機の故障により投票完了が確認できなかった者を生じさせたなどの選挙管理上の過誤が認められるとして、市選挙管理委員会の裁決が取り消された裁判例（名古屋高判平成17・3・9判時1914号54頁、上告不受理決定・最決平成17・7・8判自276号34頁）などがある。

| 住民訴訟 |

住民が原告となり、公金支出の無駄遣いを訴える訴訟である。自治体の政策そのものに絡ませた主張となり得ること、また事例も多数に上るため、自治体における日常業務への大きな影響

という観点から、争訟法務の柱となる訴訟といえる。詳細は第4部において取り扱う。

4　あるべき方向性

自治体への影響　行政救済法制は、**市民による争訟の提起をできるだけ認め、問題となる行政活動の是正を期待すること**にある。このため、できるだけ市民の主張によった訴訟が認められるべきとの考え方ができる。しかし、自治体側も、法治主義の下で適法に行われている行政活動であるにもかかわらず、それが違法・不当と主張されることは、その後の影響も踏まえれば、看過しがたい。ましてや、政策に関わる判断につながる場合は、政治的な責任にも及ぶ。このため、行政救済法制に列挙される争訟手続には、**市民・自治体両者のバランスを図る制度として活用されることが、期待されている。**

争訟法務の観点　個人的な利益が損なわれることがないように、争訟法務では未然防止を図るほか、仮に生じた場合に、それが法的には容認される行政活動であったとしても、時にそれが過剰なものであったりすることが考えられる。その場合は、行政主体の裁量の範囲内ではあるとしても不当として解することが考えられる。

5　苦情申出制度・ADR

どのような制度か?　争訟法務では、主に訴訟を通じて解決される事例を念頭に、必要な法的知識の取得が求められる。しかし、市民の側からは、行政活動に関わる苦情として、訴訟を念頭に置かない（またはそのルートには乗らない）事案について、何らかの解決を求める場合が見られる。このような解決に関わる制度は、苦情申出制度やADR（Alternative Dispute Resolution の略で裁判外紛争解決と訳されることが多い）と呼ばれる。

川崎市民オンブズマン　苦情申出制度は、各自治体によって制度化されるものであって、統一的な仕組みはない。また、市民が積極的に活用するかが疑問な場合もあることから、争訟法務において期待される紛争防止・処理機能を果たす制度といえるかは、疑問の余地がある。しかし、確立した制度を持つ自治体では、例えば、市営住

宅のバリアフリー化やPTA会費の在り方といった市民の日常に関する苦情の具体的な解決を庁内の機関が提案するように、積極的に活用されている事例もあり（例、川崎市民オンブズマン）＊、**訴訟によって解決される紛争とは異なる市民からの切実な要望などは、紛争回避の契機ともなるため、**期待される。

警察業務の苦情申出制

　自治体における行政活動のうち、**警察業務**にも苦情申出制度があるが、特殊である。法定制度として、**警察官の職務質問の内容やその際の態度に関わる苦情は、**それを受けた者が各都道府県の公安委員会に対して申出を可能とする仕組みが警察法上存在する（79条）。このほか、法定ではないものの、各都道府県警察における監察官室への同様の苦情申出制度も存在する（例、神奈川県警察監察苦情取扱要綱）

＊川崎市民オンブズマン『川崎市民オンブズマン令和3年度報告書』（2022年）13頁以下参照。

第1部　自治体行政不服審査

第1章　行政不服審査制度の基本構造

自治体が市民と直接接点を持つ行政不服審査制度は重要な争訟制度であるが、それがどのような救済制度であるのか、また、裁判所が審理する行政事件訴訟法とは異なる構造について、概観する。

1　行政不服審査制度の意義

制度の概要　**行政不服審査制度は、市民が受けた違法又は不当な処分に関する不服申立ての制度であり**、行政機関に対して救済を求める制度である。この制度は、分野を限定しないが、例えば、営業許可の申請に対し拒否されるとその取消しを求めたり、業務停止命令を出されたことに対する取消しを求める不服申立てが典型であろう。

行政不服審査制度は、裁判所に対する行政訴訟（行政事件訴訟制度）に並ぶものとして位置づけられ、処分の意味も双方基本的に同義と解される（訴訟について詳細は 第5章 ）。しかしこの制度は、行政訴訟が提起される前に申立てを認めることから、時系列において、問題となる処分等が行政機関内において解決できる（審査請求前置については→ **6**）。そこで、市民目線から①訴訟の提起に伴う時間・弁護士費用など諸種の負担を減らすことができること、②本制度が簡易迅速な解決を狙うため早期の紛争解決につながりうることが考えられる。

争訟法務の観点　客観的な審理が行われるのであれば、裁判所よりもむしろ高い行政上の専門的能力を使って、事案処理を適切に行ってくれる可能性も考えられる。この点は、裁判所とは違い、処分の違法性と並び不当性の審理も含んでおり、柔軟な結論を出せることで、争訟法務の観点から事案解決能力が担当課に求められる制度といえる

（違法性・不当性の詳細は→3⑵）。

2　行政不服審査法が一般法

法律の性格

　　　　　　行政不服審査法は、不服申立人の利益を保護する諸手続を定める法律である。具体的には、不服申立人は自らに不利益となる処分（例、営業不許可処分、業務停止命令等）の取消しを求めることが主となる。

　行政不服審査法は、国・自治体の機関に関係なく適用される一般法である。各自治体において行政手続条例や情報公開条例が定められている場合とは異なる。行政不服審査条例などの名称で条例が制定されていることがあるが、これは行政不服審査法の施行に際し、各自治体において必要とされる詳細な規定を置く場合に限られる*。

不服申立ての対象

　　　　　　行政不服審査法は、不服申立ての対象とする処分として、「行政庁の違法又は不当な処分その他公権力の行使に当たる行為」と規定される（1条1項）。これは行政事件訴訟法における抗告訴訟の対象となる規定と基本的には同じである。このため、訴訟法における処分性に係る考え方は行政不服審査法にも適用される（処分性については 第5章 ）。なお、行政不服審査法を準用しつつ、審査請求できる場合を個別法に規定するケースがある（例、土地改良法等）。

3　簡易迅速性と公正な審理

行政不服審査法1条1項
この法律は、行政庁の違法又は不当な処分その他公権力の行使に当たる行為に関し、国民が簡易迅速かつ公正な手続の下で広く行政庁に対する不服申立てをすることができるための制度を定めることにより、国民の権利利益の救済を図るとともに、行政の適正な運営を確保することを目的とする。

　行政不服審査法1条1項は、「簡易迅速かつ公正な手続」によることが明記されている。これは行政庁の審理手続がスピーディーであると同時に申立人（市民）と被申立人（行政庁）にとって慎重であることを求める。被申立人となった担当課としては、①簡易迅速性を優先するあまり必要な手続を無視することはできないこと、②申立人を過剰に意識することで結

＊東京都は「行政不服審査法施行条例」、横浜市は「行政不服審査条例」という名称である。そこには、行政不服審査法に基づく審査請求請求人の閲覧請求に係る手数料（38条6項）や行政不服審査委員会の規定が含まれる。

論を出すまでに長期を要することは期待されていないこと、といったように、双方が必要に応じて適切にシンクロした審理の進行が期待されている。したがって、行政不服審査法は、審理の計画的な進行を求めるとともに、審理の終結について規定を設けている（28・41条）。このように、審理のスピードをあえて意識するよう求める点は、同じく処分に対する訴えをめぐり慎重な審理手続を定める行政事件訴訟法とは異なる。

4　違法性と不当性

審査の対象　　行政不服審査法は、**処分の違法性と並び不当性も審理の対象とする**。裁判所は「一切の法律上の争訟を裁判」するものとされるが（裁判所法3条1項）、これは法律を適用して解決できる事項を指すが、行政不服審査法上も違法性に関する判断が可能である。

　これに対し、不当は違法とはいえないものの、行政庁の裁量に照らして判断される場合を指す。裁判所は裁量権の逸脱濫用にある場合のみ違法と判断できるが（行政事件訴訟法30条）、行政不服審査法はそれよりも広く、裁決に際し元の処分内容に変更が認められ処分の効力自体を失わせないことができる（ただし48条の規定から不利益変更は認められない。営業停止の取消処分から営業不許可処分への変更は不可）。

適切な処分内容　　しかし、どの程度の処分内容が適切であるかは、裁量判断として一義的に決められない。本来、これは申請拒否処分の場合には審査基準、不利益処分の場合には処分基準といったように、事前に策定された基準によって処分内容がルール化されていることが期待される。もっとも、自治体の行政手続条例は行政手続法と同様の規定を置くが、**処分基準の公表は努力義務とされ**（行政手続法12条1項）、そもそも策定されていないことも考えられる。このほか、審査基準・処分基準ともに内容が現実に見合わないことが十分に考えられる。このようなことを契機に、少なくとも公表されている基準は適宜見直す必要があろう。

5　書面審理主義と口頭意見陳述

審理の原則　　行政不服審査法には明記されていないが、審理は書面のやり取りを通じて行われることを原則とする。これを

書面審理主義と呼んでおく。訴訟審理においても、書面によるやり取りを重視するが、簡易迅速な手続を期待する行政不服審査法では、審査請求書の提出（19条）、処分庁による弁明書の提出（29条）、審査請求人による反論書・証拠書類等の提出や書類の閲覧（30・32・38条）といったように、すべて書面（具体的には紙媒体）ベースで審理が進行する。

求められる記述

書面審理主義ということから、書面への記載事項を審理の前提とする以上、その内容は当然必要十分であることが求められる。特に処分庁は元々処分理由書において十分な理由の記載が求められる一方、弁明書によってもそれを補強する具体的な内容を書くことが必要となろう。このあたりは実務の場面において重要となるが、これが審査請求手続の一環である以上、**のちに行政不服審査会などの第三者による審理機関において審理の対象とされることをできるだけ意識した記述が求められる。**

口頭意見陳述の必要性

審理員が口頭意見陳述の機会を審査請求人等に付与することが認められている（31条1項本文）。そこで、機会付与は重要な原則であるが、大量の請求があることによって、この申出のすべてに対応することが実務上困難になる場合、口頭意見陳述を実施しないという例外を認めることは十分あり得る。情報公開・個人情報保護に関する請求事例については特殊な課題がある（第2章）。

第2章　審査請求と審理手続の考え方

> 不服申立ての種類のうち、大原則となる審査請求の意義のほか、どのような諸手続が行政不服審査法上設けられているのかを概観するとともに、審理手続に関わる争訟法務として注意すべき必要な配慮事項を取り上げる。

1　審査請求の意義

不服申立ての種類　　行政不服審査法には、①審査請求、②再調査の請求及び③再審査請求の三つの不服申立手続が定められているが、このうち審査請求が柱となる。この理由として、審査請求は個別法において請求ができるという旨の規定が明記されていなくとも当然できる請求であるのに対し、**再調査の請求と再審査請求は法律による**

図　審査請求のフロー図

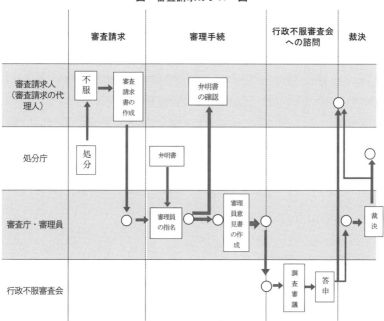

出典：総務省「行政不服審査法のご案内」3-4頁の図を参考に筆者が作成

21

明文の規定がなければ提起できないからである（5条1項・6条1項）。再調査の請求は税務争訟、再審査請求は社会保障争訟に関する規定に多く見られる。

| 審査請求の構造 |

　　審査請求は、処分庁が行った処分を処分庁ではない審査庁が審理し裁決を行うという構造である。この場合、審査庁は審理員を指名し審理を行わせ、審理員意見書が提出されたら裁決を行い、行政不服審査会への諮問があった場合は、その答申を踏まえて裁決されることが求められる（44条）。審査請求は処分という行政庁の積極的行為のみならず、申請に対する不作為状態にある場合も、対象となる（3条）。

図　審査請求の構造

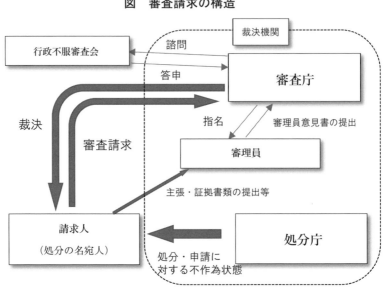

2　審査請求人の範囲

| 二面関係と三面関係 |

　　審査請求人は、「行政庁の処分に不服がある者」であり、不服とされる処分を受けた者であることがわかる。したがって、営業許可申請が拒否されたり、業務停止命令といった不利益な処分を受けた者は、当然に審査請求人となれる。

　　直接処分を受けていない者でも審査請求人になれるかは、事例に即して

判断する必要がある。この点で著名な 基本判例 1−1 最判昭和 53・3・14 民集 32 巻 2 号 211 頁 [主婦連ジュース事件] によれば、不服申立てできる者は「法律上保護された利益」が侵害される場合に認められるとしており、個別事例に即して判断される。行政訴訟についても訴えの利益（原告適格）の問題として、同じく「法律上保護された利益」の有無が検討される。

基本判例 1−1

最判昭和 53・3・14 民集 32 巻 2 号 211 頁 [主婦連ジュース事件]
【事実の概要】　Y（被告、被上告人、公正取引委員会）がAら（社団法人日本果汁協会他 3 名）の申請に対し「不当景品類及び不当表示防止法」（当時）に基づく公正競争規約を認定したところ、要件に該当しないとしてXら（原告、上告人、主婦連合会・同会長）がその認定の取消しを求める不服申立てをYに提起したが却下審決を受けたため、当該審決の取消訴訟を提起した。
【判旨】上告棄却　不服申立てが可能な者とは「当該処分について不服申立てをする法律上の利益がある者、すなわち、当該処分により自己の権利もしくは法律上保護された利益を侵害されまたは必然的に侵害されるおそれのある者をいう」。「ここで法律上保護された利益とは、行政法規が私人と権利主体の個人的利益を保護することを目的として行政権の行使に制約を課していることにより保障されている利益」である。
【ポイント】　①処分の当事者ではないXらは不服申立てができるか？②Xらの「法律上保護された利益」とは何か？

「固有の資格」について

行政不服審査法は、自治体（都道府県・市町村）がその「固有の資格」で処分の相手方となるものについては、審査請求人になれない（7 条 2 項）。「固有の資格」とは一般私人では立ちえないような立場にある状態を指すものと解される。 基本判例 1−2 最判令和 2・3・26 民集 74 巻 3 号 471 頁 [辺野古埋立（国の関与）取消請求事件] では、沖縄防衛局（国の機関）が「固有の資格」において公有水面埋立法 42 条 1 項に基づく埋立承認の相手方となっていたとはいえないとされた。このことから、沖縄防衛局による国土交通大臣に対する審査請求が適法と解されている。

基本判例 1−2

最判令和 2・3・26 民集 74 巻 3 号 471 頁 [辺野古埋立（国の関与）取消請求事件]
【事実の概要】　X（原告・上告人、沖縄県知事）が公有水面埋立法 42 条 1 項に基づき一度与えた埋立承認を取り消したことにつき、沖縄防衛局はXの（取

消し）処分の取消しを求めてY（被告・被上告人、国土交通大臣）に審査請求をしたところ、取消しの裁決を受けた。このためXは、当該裁決が地方自治法250条の7第2項に該当する「国の関与」に当たるとして、同法250条の13第1項に基づき国地方係争処理委員会に対しYを相手にした審査の申出を行ったが、不適法却下の決定を受けた。このため、当該決定の取消しを求めたのが本件である。

【判旨】上告棄却　「埋立ての事業については、国の機関と国以外の者のいずれについても、都道府県知事の処分（埋立承認又は埋立免許）を受けて初めて当該事業を適法に実施し得る地位を得ることができるものとされ、かつ、当該処分を受けるための規律が実質的に異ならない」から「国の機関が一般私人が立ち得ないような立場において埋立承認の相手方となるものとはいえない」。したがって、「埋立承認は、国の機関が行政不服審査法7条2項にいう『固有の資格』において相手方となるものということはできない」。

【ポイント】　埋立承認の相手方である沖縄防衛局は審査請求できない「固有の資格」を持つ者に該当するか？

なお、地方公営企業のように自治体が経営主体として私人とみなし得る場合においては、審査請求人になれると解される*。この場合、処分の根拠となる個別法の中に、行政不服審査法の適用除外等の規定が置かれていないことが前提となる。

*塩野・行政法Ⅱ25頁。

3　審査庁と審理員

⑴　審査庁とは？

行政不服審査法9条は、審査請求がされた行政庁を「審査庁」と規定とするが、これに当たる行政庁を明確に規定しているわけではない。ただし、同法4条が例えば処分庁に上級行政庁がない場合は処分庁がこれに当たるとされているなど（1号）からすると、通常、審査庁が処分庁の上級行政庁と解されることになる。

もっとも、地方公営企業のように自治体とは独立した経営組織である場合、上級行政庁の存否が不明と解される可能性はある。判例（最判令和3・1・22判自472号11頁）では、個人情報の開示請求に対する不作為について審査請求があったが、その相手方を企業の管理者ではなく当該自治体の長（知事）とされたことで却下された裁決の取消訴訟において、**知事には管理者の不作為に対する指揮監督権やこれを是正する職責・権限を有しな**

いため、**上級行政庁には当たらない**と解されている。

(2)　審査庁・審理員の関係

　審査請求は、処分庁による処分の取消しを審査庁に求める不服申立手続であるが、審査庁は違法のほか不当の裁決も可能とする行政庁であるため、**当該処分に権限を有するという意味で処分庁と同様のラインに属する**。したがって、審査庁は処分庁の上司に当たるが、それだと客観的な審理は十分でない。このため審査庁は実際の審理を客観的に行わせるために審理員を指名する構造となっている。

(3)　審理員指名の課題

指名される者　審理員として指名される者は、「審査庁に所属する職員」のうち当該処分に関与した者でないこと（9条2項1号）など法定の者は除かれ、「審理員候補者名簿」が作成されている場合はその中から選ばれる。ただし、行政不服審査法上、この**名簿作成は努力義務**とされている（17条）。総務省による施行状況調査によると、67自治体のうち各請求に係る全ての処分について作成している団体が35団体（52.2%）、一部の処分について作成している団体が21団体（31.3%）、すべての処分について策定していない団体が11団体（16.3%）とされる（9頁）。このため、サンプル自治体にあっても未作成の自治体が多数に上っている実態から、効率的な指名ができるかが実務上の課題となる。

審理員の専任化　施行状況調査によれば、67団体のうち19団体が専任を配置し、審理員補助者（審理員が行う提出書類等の整理・保管、文書の発送等審理手続に係る事務の一部を補助する職員）は53団体が配置しているとされる（10頁）。

(4)　審理手続について

審理員の権限　審理員は、審理手続を進行させるうえで、諸種の権限が与えられている。具体的には、物件の提出要求（33条）、参考人の陳述・鑑定要求（34条）、検証（35条）、そして質問（36条）に関する権限が、行政不服審査法上明記されている。したがって、指名された審理員は、これらの権限の具体的内容について、事前に知っておく必要がある。

職権探知主義　審理員は当事者の主張しない事実を取り上げその存否を調べることができる（**職権探知主義**）と解するのが、

＊塩野・行
政法Ⅱ34頁

通説的見解といえる＊。もっとも、審理員に探知能力が求められる点では、ここでも一定のリーガルマインド（法的思考）が求められている。なお、行政事件訴訟法において職権探知主義は、法律上の明文規定がない以上認められないと解される（このあたりの指摘は 第12章 ）。

4　計画的進行について

> **行政不服審査法28条**
> 審査請求人、参加人及び処分庁等（以下「審理関係人」という。）並びに審理員は、簡易迅速かつ公正な審理の実現のため、審理において、相互に協力するとともに、審理手続の計画的な進行を図らなければならない。
> **同法37条1項**
> 審理員は、審査請求に係る事件について、審理すべき事項が多数であり又は錯綜しているなど事件が複雑であることその他の事情により、迅速かつ公正な審理を行うため、第31条から前条までに定める審理手続を計画的に遂行する必要があると認める場合には、期日及び場所を指定して、審理関係人を招集し、あらかじめ、これらの審理手続の申立てに関する意見の聴取を行うことができる。

法律の規定　　行政不服審査法は、審査請求に係る審理関係人及び審理員の全当事者に、簡易迅速・公正な審理実現のために、審理手続の計画的な進行を図るよう求めている（28条）。また、審理員は事情によって計画的な遂行を必要とする場合に、審理関係人に審理手続の申立てに関する意見聴取を行うことができる（37条）。

施行状況調査から　　令和元年度に処理が完了した審査請求（9,766件）のうち、意見聴取の実施状況は33件（0.3％）とされている（4頁）。この数値から、本当の意味で意見聴取を必要としない状況であったのかは不明だが、全体の件数に対する極めて低い数値が、計画的進行の妨げになっていないか検討の余地はあろう。

　なお、自治体によっては**進行管理担当課室を設ける場合がある**。これは、審理手続全般を進行管理する組織となるが、施行状況調査によれば67団体のうち28団体が担当課室を設けていること（10頁）から、そうではない自治体にとって、審理手続の効率的運用に資する制度として参考にしたいところである。

5　教示制度

　行政庁が処分を行う際、事前に不服申立てが可能であることを相手方に教える仕組みを、教示制度という（82条）。処分が行われる場合であり、**不作為の場合は含まれない**。また、教示の相手方は処分の相手方であるので二面関係にのみ当てはまる制度である（同条1項）。ただし、**三面関係においても教示を求められた場合はその義務がある**（同条2項）ため、利害関係が複雑な場合、請求人の範囲（→**2**）を意識しておくことが必要となる。なお、行政事件訴訟法でも、取消訴訟についてこれと類似の教示制度が設けられている（46条）。

6　訴訟との関係

> **行政事件訴訟法8条1項**
> 処分の取消しの訴えは、当該処分につき法令の規定により審査請求をすることができる場合においても、直ちに提起することを妨げない。ただし、法律に当該処分についての審査請求に対する裁決を経た後でなければ処分の取消しの訴えを提起することができない旨の定めがあるときは、この限りでない。
>
> **地方公務員法51条の2**
> 第49条第1項に規定する処分であって人事委員会又は公平委員会に対して審査請求をすることができるものの取消しの訴えは、審査請求に対する人事委員会又は公平委員会の裁決を経た後でなければ、提起することができない。

(1)　審査請求前置の有無

　処分の取消しを求める意味では、審査請求も裁判所に対する取消訴訟も同じである。行政事件訴訟法8条1項は審査請求をせずとも取消訴訟を提起できるのが原則となっており、法律上裁決を経た後でなければ提起できないとされる場合は例外として除かれる（**審査請求前置主義**）。例えば、地方公務員法は、公務員の懲戒免職処分の取消訴訟について、審査請求を受けた人事委員会・公平委員会による裁決を経ておく必要があるが（51条の2）、この審査請求については行政不服審査法の審理手続に係る規定を適用除外としている（49条の2第3項）。

⑵　原処分主義

> **行政事件訴訟法 10 条 2 項**
> 処分の取消しの訴えとその処分についての審査請求を棄却した裁決の取消しの訴えとを提起することができる場合には、裁決の取消しの訴えにおいては、処分の違法を理由として取消しを求めることができない。

| 原処分主義とは？ |

　審査請求に対する裁決があった場合、裁決も処分に変わりないため、元の処分（原処分）を争うのか裁決を争うのかの二通りがあるが、**原処分を争う原則を原処分主義**と呼ぶ。この点は行政不服審査法に明文規定がないが、行政事件訴訟法 10 条 2 項の規定から、法律に明文で裁決を争える旨の規定がない限り、原処分の取消しを求めることを意味している。したがって、行政不服審査会や情報公開審査会による慎重な審理を経て出された答申に従う裁決であっても、法律でこれを争う旨の規定がないため、原処分が争われる。

| 土地改良法の事例 |

　原処分主義であっても、**審理手続の瑕疵など裁決に固有の瑕疵があるとみなされる場合、審査請求人は裁決そのものの取消しを求めることは許される**。例えば、土地改良法 39 条 1 項に基づき賦課金滞納に対する土地改良区の督促処分の取消しを求め審査請求を行った組合員が、裁決後に審理手続の瑕疵があると主張し、裁決の取消しを求めた訴えが認容された裁判例（東京高判令和元・5・21 判時 2492 号 10 頁）がある。

第3章 行政不服審査会の組織と権限

> 第三者からなる行政不服審査会には、審査請求手続においてどのような意義
> があるか、またその組織や権限について争訟法務との関係で課題となる事柄
> について、概観する。

1 行政不服審査会の意義

審査請求があった場合、審理員による審査と並び、最終的な裁決が裁決
庁によって行われる。しかし、審査庁から諮問を受けた行政不服審査会が
事案を審理し、その結果を答申によって公表する場合がある（43条1項）。
行政不服審査会は有識者を含む第三者から構成されていることから、審理
員審査とは別に**客観的かつ慎重な審理を経ることが期待**されている。この
ため、行政不服審査会の審理手続は、審理員による審理手続と並ぶ重要な
意義がある。

2 組織に関する規定

行政不服審査法は、総務省に設置される国の行政不服審査会の根拠法で
もあり（67条以下）、組織に関する一連の規定が置かれている。自治体の
場合、行政不服審査法上の権限事項を処理する「執行機関の附属機関」の
設置を条例で定めるものとしている（81条1・3項）。このため、自治体の
行政不服審査会は行政不服審査法を直接の根拠とはせず、行政不服審査条
例（施行条例）の中で、その組織に係る規定が置かれる。

3 調査権限について

行政不服審査会に付与された重要な権限として調査権があるが、自治体
の審査会においても国のそれと同様に付与されるが（行政不服審査法81条
3項による71条の準用）、条例の規定によって明記されることがある。例え
ば、情報公開請求の場合、審査請求を受けて審理が行われている最中、事
実関係その他の不明な事柄が生じた場合、例えば不開示決定を判断した実
施機関などから意見聴取を行うため、審査会が調査権を行使するという仕

組みは条例で規定される＊。

　調査権は単に処分庁に対する場合以外にも、事実関係が不明確である場合に、関連する第三者に行使することは可能である。

4　諮問・答申について

　行政不服審査会は、審査庁が審理員から審理員意見書の提出を受けたときは**諮問**を行うものとされ、この諮問を受けた事案につき審理した後、**答申**を公表する。

諮問について　諮問される事例は全審査請求とは限らない。施行状況調査によれば、令和元年度に処理が完了した審査請求（9,766件）のうち、審査会への諮問を行わなかったのが80.2%（7,831件）あるとされる。この理由は、主に諮問が不要な審査庁であることや法律による適用除外とされること（情報公開・個人情報保護関係、介護保険法関係等）がある。しかし、それ以外にも審査請求を却下するためとする場合が12.7%（998件）ある（4頁）。このため、**却下がなされると審査会での審議を経ることができないため、その判断が適切であったのかを検証することが課題となる。**

答申について　答申は、**裁判所の判決とは異なり拘束力を持たない。**しかし、審査会では慎重な審理手続をとることから、その結果である答申を裁決庁は無視できないと解される。答申と異なる裁決を出すのであれば、裁決庁はそのことに説明責任を負うとともに、審査請求によって争われた原処分が取消訴訟等によってさらに争われる可能性も十分考慮したうえで、適切な理由を準備しておく必要がある。

5　情報公開・個人情報保護審査会との関係

個人情報保護法改正との関係　平成26年法律第68号による行政不服審査法改正前には、行政不服審査会が明確に位置づけられていなかった。しかし自治体では、それ以前から情報公開審査会・個人情報保護審査会（両者あわせて「情報公開・個人情報保護審査会」と称しておく）が設置され、行政不服審査会の制度や組織はこれと酷似するものである。

　令和3年法律第37号による個人情報保護法の改正により、国・自治体

の制度が一元化されることに伴い、審査会に係属する事例も条例ではなく
法律の解釈に従って判断されることが必要となる。このため、担当課では
審査請求事案を処理する上で改正法に関する必要な素養を身につけておく
ことが求められる。

口頭意見陳述は必要か？　行政不服審査法は、審査請求人による申
立てがあった場合、口頭意見陳述の機会を
与えなければならないとされる（75条1項）。この点は、審理員審査と同
様であり（**第2章**）、自治体の行政不服審査会に当てはまることが考えら
れる。これに対し、多数の事例を扱ってきた情報公開・個人情報保護審査
会においても、このような機会の付与が義務付けられるかが問題となる。

　これについては、口頭意見陳述の機会付与の有無は各自治体において
個々に判断されてきた経緯がある中で、行政不服審査法では原則的に義務
である旨規定されている（75条1項）。しかし、大量請求がある場合など
請求全てについて機会を付与することは、行政実務の観点からふさわしい
とは言えない。形式的運用にこだわるよりも審理の内容を充実化させる観
点が求められる。したがって、請求人の求めにすべて応ずる趣旨と理解す
るよりも、**仮に機会付与が求められた場合にこの原則がなぜ適用されない
のか事前に説明できるよう意識することが必要**であり、機会の付与がない
といっても、すぐに処分の違法性を根拠づけるものではない。

第2部　自治体行政事件訴訟

第4章　行政事件訴訟法の基本構造

> 行政事件訴訟法は、自治体が当事者となる行政事件訴訟の基本法であるが、様々なルールによって規律されていることから、その基本構造について概観する。

1　行政事件訴訟の意義

⑴　訴訟の狙い

　行政事件訴訟の対象となる行政庁の行為は「処分」であり、「公権力の行使に当たる行為」とされている。このような処分を対象とした訴訟を、行政事件訴訟法では**抗告訴訟**と呼ぶ（詳細は→**2**）。例えば、食品衛生法に基づき当該自治体の保健所長（行政庁）に営業許可を申請していたのにそれが拒否された場合、原告側の目線からとらえると、自ら受けた処分を違法としてその効力を裁判所に否定してもらうのがこの訴訟であって、拒否されたことで予定された収入分の損害賠償を受けられるという意味ではない。他方、被告側（例、保健所長）の目線からは、適法な拒否処分と考えていたのに裁判所により違法と判断されれば、営業許可を出すか別の理由により拒否するなどの再考を迫る重要な効果がある。

⑵　争訟法務の観点から

`訴訟要件`　行政事件訴訟法は、原告に対する救済の観点から、抽象的な概念をあえて規定しているといわれる。したがって、どのような処分が訴訟の対象になるのか（処分の概念は`第5章`。行政不服審査法との関係では`第2章`）、そのほか、訴えることのできる原告が侵害されたと主張する「訴えの利益」（原告適格については`第6章`参照）は、個々の事例に即して判断される。

表　行政事件訴訟法上の訴訟・仮の救済類型

				仮の救済類型
		訴訟類型		仮の救済類型
主観訴訟	抗告訴訟 （第2章）	取消訴訟 （第1節）	処分取消訴訟（3条2項）	執行停止 （25条）
			裁決取消訴訟（3条3項）	
		その他の 抗告訴訟 （第2節）	無効等確認訴訟（3条4項・36条）	
			不作為の違法確認訴訟（3条5項・37条）	
			義務付け訴訟 （3条6項）	非申請型義務付け訴訟 （3条6項1号・37条の2）	仮の義務付け （37条の5）
			申請型義務付け訴訟 （3条6項2号・37条の3）	
			差止訴訟（3条7項・37条の4）	仮の差止め （37条の5）
			法定外抗告訴訟（無名抗告訴訟）	
	当事者訴訟 （第3章）	形式的当事者訴訟（4条前段）		
		実質的当事者訴訟（確認訴訟）（4条後段）		
客観訴訟	民衆訴訟（5条・42条）			
	機関訴訟（6条・42条）			

　これらは訴訟を提起するための形式的な要件であり、**訴訟要件**とも称される。処分が実際に法律に照らし違法であるか否かを判断する本案審理には、訴訟要件を充足しなければ到達できない（門前払いされ却下判決が出される）。そこで裁判所は、被告側からはできるだけ要件を厳格に解することを求め、原告側からはこれを拡大するよう求められる傾向にあった。

求められる訴訟準備　被告側は、必勝主義という考えから、訴訟要件で勝敗を決するよう徹底的な主張の準備が考えられる。しかし、争訟法務の達成機能や解決の具体的方向性（**序章①**）に照らせば、その場限りの紛争処理ではなく、フィードバック可能な行政活動の改善こそ必須となる。このため、**訴訟要件を過去の判例・裁判例に照らして的確に理解し、必要に応じ争訟対応ができるよう準備すべきであり**、本案審理がなされることも同時に想定することが求められよう。

2　抗　告　訴　訟

⑴　取　消　訴　訟

| 概　要 |

　行政事件訴訟法は、取消しの訴え（取消訴訟）を中心に構成されており、この傾向を**取消訴訟中心主義**と呼ぶことがある。被告適格（11条）、出訴期間（14条）は、取消訴訟の規定を中心に、他の訴訟にも準用されること（38条）から説明できる。

| 取り消される処分 |

　取り消されるのは違法な処分であるが、その処分に裁量があると解され裁量権の逸脱濫用がある場合に限って取り消される（30条）。ただし、**どのような処分に裁量権の逸脱濫用があったかは、個別事例にゆだねられる**。例えば、公務員の懲戒免職処分の違法性について、判例（最判昭和52・12・20民集31巻7号1101頁［神戸税関事件］）は「社会観念上著しく妥当を欠き裁量権を濫用したと認められる場合に限り違法と判断すべき」とする有名な判断基準を示している（**社会観念審査**とも称される）。しかし、懲戒免職処分以外の事例にも、この基準が当てはまるかは別問題であるため、事例傾向をとらえる必要がある。

⑵　不作為の違法確認訴訟

| 概　要 |

　行政庁への申請に対する処分がなされないような不作為状態にある場合、不作為の違法確認の訴え（不作為の違法確認訴訟）を提起できるというものである。不作為というのは作為義務が生じているのにそれを行わないという趣旨である。この訴訟では、不作為状態が違法であることの確認を求めるのみである。

| 義務付け訴訟との関係 |

　例えば、建築確認の申請に対し建築主事がそれを留保する場合、建築基準法の規定（6条4項*）、その他、行政手続法7条の規定により何らかの審査応答義務があるため、不作為の違法確認訴訟を受けて違法と解される可能性がある。しかしこの訴訟は、何らかの処分を行うことが求められるに過ぎないので、申請者に対し確認の拒否処分を行っても構わない。したがって、自らにとって利益となる処分を求める場合は義務付け訴訟によって実現でき、**原告に不作為の違法確認訴訟を選択することが必ずしも得策とはいえない実態が**ある（義務付け訴訟は→⑷及び 第8章 参照）。

*例えば、建築基準法6条1ないし3号に規定する床面積が広い建物については35日以内といった具合である。

(3)　無効等確認訴訟

| 概　要 |

　処分の無効等を確認するための訴訟である。取消訴訟が処分の違法状態を排除する訴訟であるのに対し、無効等確認訴訟は処分の無効を裁判所に確認してもらうための訴訟である。**処分の重大かつ明白な瑕疵がある場合が無効に該当するのが通説的理解である***。

> *無効という結論になるために、重大性か明白性のいずれを重視するかは、事例によって異なるといえる。

　無効等確認訴訟が提起される場合、原告が取消訴訟の出訴期間を徒過した場合など（38条により14条の出訴期間の規定が適用されないことによる）、処分の取消しを求めても形式的な要件を満たさず勝訴できない場合が典型である。このため、**無効等確認訴訟の訴訟要件は厳格に規定されていることに注意すべきである。**

| 民事訴訟との関係 |

　行政事件訴訟法は、無効等確認訴訟を「現在の法律関係に関する訴えによって目的を達することができないものに限り、提起することができる」と規定するため(38条)、「現在の法律関係に関する訴え」を民事訴訟ととらえ、その提起によって訴えの目的が達成できると無効等確認訴訟を提起してはならないとする考え方がある。しかし実際には、そのように狭く解されていない。

　例えば、この点が争点の一つになった判例（最判平成4・9・22民集46巻6号1090頁、後述する 基本判例2−8 **最判平成4・9・22民集46巻6号571頁［もんじゅ訴訟（原告側上告審）］**（第6章）も参照）では、原子炉の稼働に関わる民事差止訴訟が提起されていても、原子炉設置許可の無効等確認訴訟が提起されることは許されると考えられている。逆もしかりであり、無効等確認訴訟などの抗告訴訟が提起されていても、民事差止訴訟は提起されてよい。ただし実際には無効等確認訴訟などの抗告訴訟は提起されず、民事差止訴訟のみが提起される傾向にある（認容例として水戸地判令和3・3・18判時2524・2525号合併号40頁［東海第二原発運転差止訴訟］、札幌地判令和4・5・31裁判所HP［泊原発運転差止訴訟］）。

(4)　義務付け訴訟・差止訴訟

| 概　要 |

　処分の義務付けや差止めを裁判所に求める訴え（義務付け訴訟・差止訴訟）である。義務付け訴訟には、①申請に対する自ら欲する処分の義務付けを求めるのか（申請型）、②単に自ら欲する処分の義務付けを求めるのか（非申請型）の二通りがある。差止訴訟の種類は一つである。

性質と要件

　　　　　これらの訴訟はいずれも裁判所が処分庁に積極的な行動を求めるものである。しかし、裁判所が積極的に処分を義務付けたり差し止めたりすると、三権分立の原則に反するのではないかという問題が生ずる。特に非申請型義務付け訴訟及び処分差止訴訟は、裁判所が行政庁に先立ち、処分の要否を判断することが求められるため、①重大な損害（重損要件）及び②他に適当な方法がない場合（補充性）という訴訟要件が付されている（37条の2第1項・37条の4第1項）（詳細は 第8章 ）。

⑸　法定外抗告訴訟（無名抗告訴訟）

概　要

　　　　　⑴から⑷は、いずれも行政事件訴訟法において明文で規定された法定抗告訴訟である。しかし、名称が付されていない**法定外抗告訴訟**（これは**無名抗告訴訟**とも称される）の存在も肯定されている。抗告訴訟として位置づける以上、他の訴訟と同様、「公権力の行使に関する不服の訴訟」に変わりない。

争訟法務上の課題

　　　　　通常、法定抗告訴訟のみが争訟法務において想定される。したがって、市民から提起される訴訟では想定されにくい。しかし、原告が多数存在し、また、裁判所において勝訴判決を得にくい事例の場合、原告があえて法定外抗告訴訟を提起するケースも考えられる。例えば、判例（最判令和元・7・22民集73巻3号245号）では、自衛隊法76条1項2号に基づく防衛出動命令に服従する義務の不存在確認を請求する訴訟が、これに当たると解される。

　もっとも、法定外抗告訴訟が認められるとして、取消訴訟に関するいずれの規定が準用されるかといったことを含め、他の法定抗告訴訟との整合性も問題になるため、仮に認められるとしても課題が多い。むしろ、義務不存在確認訴訟の場合、差止訴訟と同様の目的を達成できるので法定外抗告訴訟は認められないとするのが判例である（他の事例傾向や詳細について 第8章 ・ 第10章 ）。

3　当事者訴訟

概　要

　　　　　当事者とは訴訟に関連する者ということだが、対等な私人間の訴訟という趣旨も含まれる。したがって、当事者訴訟は、民事訴訟の対象となる財産上の権利や生命・身体に関わる利益を争うこと

が想定される。しかし、わざわざ行政事件訴訟法に置かれた理由は、当事者訴訟であっても、**公の利益にかかわる内容は民事訴訟で争うことが望ましくない場合がある**との発想があるからである（詳細は 第10章 ）。

二つの当事者訴訟　　　　　　行政事件訴訟法では、当事者訴訟として①法定される訴訟（形式的当事者訴訟）と②公法上の法律関係に関する確認の訴えその他の公法上の法律関係に関する訴訟（実質的当事者訴訟）の二つが想定されている（4条）。この中でも、実質的当事者訴訟であり**公法上の当事者訴訟（確認訴訟）は、処分性が認められない事例であっても有用であることから活用可能性が高くなる。**したがって、争訟法務の観点からこれを検討することが重要となる。

4　その他の訴訟

　行政事件訴訟法は、民衆訴訟と機関訴訟について明文規定を置く。これらの訴訟は、法律の定める場合においてのみ認められるものである（42条）。これらの訴訟には法律上の利益を有する者として原告適格に係る取消訴訟の規定は準用されておらず（43条1項）、あくまで法律の定める者に限り提起できることから、**客観訴訟として位置づけられている**（ 序章② 参照）。とりわけ民衆訴訟である住民訴訟は多数の判例が出されているため、争訟法務の観点から注目する必要がある（ 第18章 ・ 第19章 以下）。

5　仮 の 救 済

　裁判所は判決によって権利を確定し事件を解決することが求められるが、審理には時間を要するため、法的に現状を維持しておくこと（保全）が求められる場合がある。これを仮処分と呼び、民事保全法という法律が一般的に利用される。しかし、行政事件訴訟法は民事保全法の規定を適用除外とすることに伴い（44条）、執行停止（25条）及び仮の義務付け・仮の差止め（37条の5）といった仮の救済制度を設けている。

　これらについて、行政事件訴訟法は、取消訴訟及び義務付け・差止訴訟の提起を前提とするなどを要件としている。これらは仮の救済に対する**本案訴訟**とされるものだが、「本案について理由があるとみえるとき」（訴訟において勝つ見込みがあること）が仮の救済に関する申立ての要件である。争訟法務の観点からは、本案となる訴訟本体より先に申し立てのある仮の

救済（中でも仮の義務付け・仮の差止め）によって、事実上本案の勝敗が決する可能性が高いことが考えられる点に、注意すべきであろう（詳細は第 9 章）。

第5章　取消訴訟の訴訟要件①──処分性

訴訟要件の一つである「処分」の概念は、行政事件訴訟法において不明確であるが、現在その範囲が判例などを通じて拡大される傾向にある。これらのことを踏まえ、争訟法務への生かし方について概説する。

1　処分性の意義

処分と行政行為　　行政事件訴訟法は抗告訴訟の対象を「公権力の行使に当たる行為」とし、これが「処分」の概念を基礎づけているが、いったい何を指すのかは明確でない。歴史的にはこのような抽象的規定を置かず、提起できる訴訟を列挙する時代もあった（行政裁判法）。また、**学説上は処分を行政行為に類する概念として理解してきた**（詳しくは→2）。

このように、概括的な規定が置かれたのは、事前に定義せず個別の事案に応じて裁判所により幅広く原告の訴えを認めるための工夫によるものとし、立法者が意図をもって規定したと解されている。これを**概括主義**と称することがある。そこで、原告側からは行政行為の概念とは相いれない行為も取消訴訟の対象として主張されることがある。

現在の事例傾向　　このことに対し、被告側は処分性をできるだけ消極的に解することで請求却下（門前払い）に導けるよう主張準備をしてきたといえる。また、この概念は法律上の利益（原告適格）（**第6章**）や狭義の訴えの利益（**第7章**）より前に必ず判断される訴訟要件であることから、問題となりうる事案であれば、被告側は処分性を全力で否定する傾向にあったと思われる。

これに対して、現在の事例傾向は、処分の根拠法規に照らしたうえで、**原告（市民個人）にできるだけ有利になるよう解される傾向にある**。この点は、被告側自治体として、対象とされた行為に処分性を肯定する余地があるか否かを見極める必要がある一方、判例により争いのある行為が「処分」と解された場合、それ以降は行政手続法（または行政手続条例）の適用があることを前提に、行政実務が変化することが考えられる（審査基準・

処分基準の策定、理由提示義務等）。

　なお、対象とされた行為がなぜ裁判上そのように解釈されるようになったかについて、法律の規定に照らして事例傾向を分析することが争訟法務の観点から必須である。

2　行政行為と処分性の概念

(1)　行政行為の概念

　処分の概念は、学説上、行政行為の概念とほぼ同様に解されてきた。行政行為には、いろいろな定義の仕方が考えられるが、概ね①行政庁が主体となって行われる行為のこと、②それが一方的なものであること（契約のように双方の意思表示が合致するものではないこと）、③法律の根拠に基づくものといった要素が含まれる。

(2)　リーディングケース

　リーディングケースとなる 基本判例2-1 最判昭和 39・10・29 民集 18巻 8 号 1809 頁［大田区ごみ焼却場設置事件］によれば、「公権力の主体たる国または公共団体が行う行為のうち、その行為によって、直接国民の権利義務を形成しまたはその範囲を確定することが法律上認められているもの」と判示されているため、行政行為と同様の概念として「処分」をとらえたうえで、ごみ焼却場の設置に関する被告の一連の行為は処分ではないと解している。

　なお、分割してとらえられる行為を一体化することで「処分」とみなす本件の原告のような主張を肯定的にとらえる挑戦的な下級審判決（東京高判昭和 49・4・30 行集 25 巻 4 号 336 頁［国立歩道橋事件］）もかつてみられたが、そのような考え方はとられない傾向にある。

基本判例2-1

最判昭和 39・10・29 民集 18 巻 8 号 1809 頁［大田区ごみ焼却場設置事件］
【事実の概要】　Y（被告、被上告人、東京都）は昭和 14 年頃、東京都大田区矢口町にごみ焼却場を設置すべく土地を買収したが建設に着手せず放置していたところ、昭和 32 年になって Y 議会に焼却場設置計画案を提出し可決されたのち公布、建築請負契約を締結し建築工事に着手しようとしていた。
　X（原告、上告人）は、当該ごみ焼却場の設置場所が不適当であるなどとし、設置が地方自治法等により自治体に義務付けられる行政事務の一つであることから、これら一連の行為は Y の行政処分であると主張して無効確認を求めた。

【判旨】上告棄却　「行政事件訴訟特例法1条にいう行政庁の処分とは、公権力の主体たる国または公共団体が行う行為のうち、その行為によって、直接国民の権利義務を形成しまたはその範囲を確定することが法律上認められているもの」であり、原判決が焼却場は「私人との間に対等の立場に立って締結した私法上の契約により設置されたもの」であり、Yの設置計画、計画案のY議会への提出が「内部的手続行為にとどまると解するのが相当とした判断」は是認され、一連の行為は「行政庁の処分」ではない。
【ポイント】　①処分に当たる概念とは？②処分に当たらない行為はどのようなものか？

(3)　処分性の概念への応用

　ここに掲げる事例は、いずれもその相手方の行動に制約を課し得るものであること、このほか、根拠とされる法律の規定がありその構造に照らして行政行為の性質に近接すると解し得るものであること、といったように処分性の概念を拡大させていることが分かる。

　このため、概念的には行政行為の性質からは乖離するが、**より実態を見ることが原告救済の観点から必要と考えられている。**

3　事例傾向①――立法行為（条例制定行為）

(1)　特　　徴

　行政庁でない立法府（自治体議会）の条例制定行為に着目した取消訴訟等が考えられる。本来、条例制定行為は立法行為とも称され、①行為の対象が広く第三者であること、②そのために行為の効力自体が広範であり特定性に欠けることなどといったように、**行政行為の概念からはかい離した性質を持つため処分性の要件に欠けるものと解する傾向**にある。しかし逆に、①や②の性質が否定されるような実態があれば、処分性を肯定する余地はあった。

(2)　関係判例・裁判例①――肯定例

市立保育所廃止条例事件　　　市による保育所廃止条例の制定行為に着目し、その処分性を肯定した 基本判例 2—2 最判平成21・11・26民集63巻9号2124頁［市立保育所廃止条例事件］がリーディングケースである。そこでは、
〔（i）　原告の保護者らに保育の実施期間満了までは保育を受けることを期

　　待し得る法的地位を有すること

(ii)　廃止条例の制定行為は特定の者に対して直接(i)の期待し得る法的
　　地位を奪う結果を生じさせるものであり処分と同一視できること

(iii)　原告が他の訴訟（当事者訴訟・民事訴訟）を争っても取消訴訟のよ
　　うな第三者効（行政事件訴訟法32条）は認められず市町村の実際の対
　　応には困難をきたすことにもなること

とした。

最判平成 21・11・26 民集 63 巻 9 号 2124 頁［市立保育所廃止条例事件］

【事実の概要】　Y（被告、被上告人、横浜市）は4つの保育所を設置運営して
いたところ、保育所を民営化の対象とする条例をY議会の議決を経て制定公
付し、その後、保育所が廃止された。これに対し、当該保育所で保育を受け
ていた児童とその保護者であるXら（原告、上告人）は、自ら選択した保育
所において保育を受ける権利を違法に侵害するものなどと主張し、条例制定
行為の取消しを求めた。

【判旨】上告棄却　(i)市町村はその児童の保護者から入所を希望する申し込み
があると、その児童を当該保育所において保育しなければならないとされて
おり（児童福祉法24条1項ないし3項）、「その保育所の受け入れ能力がある
限り、希望どおりの入所を図らなければならないこととして、保護者の選択
を制度上保証したものと解され……保育の実施の解除がなされない限り、保
育の実施期間が満了するまで継続するものであ」り、「実保育の実施期間が満
了するまでの間は当該保育所における保育を受けることを期待し得る法的地
位を有する」。

(ii)「本件改正条例は、本件各保育所の廃止のみを内容とするものであって、
他に行政庁の処分を待つことなく、その施行により各保育所廃止の効果を発
生させ、当該保育所に現に入所中の児童及びその保護者という限られた特定
の者らに対して、直接、当該保育所において保育を受けることを期待し得る
上記の法的地位を奪う結果を生じさせるものであるから、その制定行為は、
行政庁の処分と実質的に同視し得るものということができる」。

(iii)Xが廃止条例の効力を争点とした当事者訴訟・民事訴訟を提起しても、「訴
訟の当事者である当該児童又はその保護者と当該市町村との間でのみ効力を
生ずるに過ぎないから、これらを受けた市町村としては当該保育所を存続さ
せるかどうかについての実際の対応に困難をきたすことにもなる」。

【ポイント】　①本件の条例制定行為は他の立法行為とどのような違いがあっ
たのか？②処分と同視できる具体的場合とは何か？

市立記念館廃止条例事件

市立記念館条例を廃止するための条例について、原審（青森地判平成29・1・27判時2343号53頁）は処分性を否定したが、控訴審（仙台高判平成29・6・23LEX/DB文献番号25546477）では、市が交わした保管覚書合意に基づき資料を文化財として管理保全に十分努力することを約したことで、市の一方的意思で保存管理を中止することはできないにもかかわらず、廃止条例により原告の法的地位に直接変動をもたらしたことを理由に、処分性が肯定されている*。

(3)　関係判例・裁判例②—否定例

基本判例2-2 [市立保育所廃止条例事件] を受けた後の事例傾向として、施設の設置根拠とされる条例の廃止を目的とした条例制定行為の処分性に着目した裁判例が多数みられる。

具体的には、①特別支援学校の廃止に係る学校設置条例の一部改正条例（大阪高判平成25・9・12裁判所HP）、②集会所等設置条例の廃止条例（さいたま地判平成28・9・28判自425号10頁）、③県立高校の廃止を旨とする同高校設置条例の一部改正条例（大阪高判令和3・3・17LEX/DB文献番号25569544）のほか、取消訴訟ではないが④小学校の統廃合に係る区条例制定行為の無効確認訴訟（東京地判平成27・5・13判自413号93頁）のいずれも、処分性が否定されている。

4　事例傾向②—都市計画・土地区画整理

(1)　特　　徴

都市計画や土地区画整理は、土地利用に関する重要な行政上の決定が多く含まれているが、それはあくまで計画であって、取消訴訟の対象としての「処分」の意味とは異にしている。しかし、土地利用の内容が計画段階で次第に決定されていくと、その土地の所有者や居住者の権利利益も次第に確定していく。このため、反対する者であれば、早く訴訟を提起する等により救済を得たいと考えるのも自然である。

そこで、都市計画や土地区画整理における手続を見ていくと、一つ一つの意味が異なっており、すべてが処分性を有するとは限らない。処分性を肯定するアプローチは様々だが、概ね①利害関係者が特定されること、②計画自体によって法的に利害関係が成立したといえる状態にあること、と

*ただし廃止自体は合理的とする。仙台高判令元・7・10LEX/DB文献番号25563900及び上告不受理決定・最決令和元・12・3LEX/DB文献番号25564880により確定。

いった行政行為に近似する場合は肯定される傾向にある。

(2)　関係判例・裁判例①──土地区画整理事業

図　土地区画整理事業のフローチャート

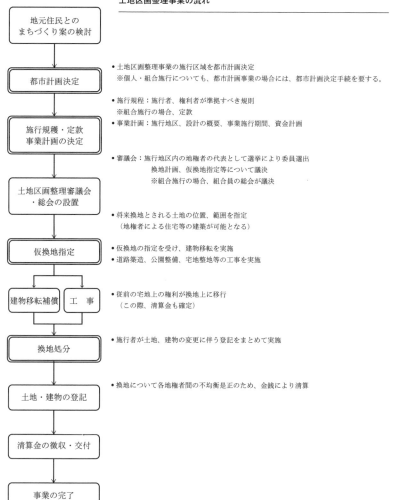

土地区画整理事業の流れ

地元住民との
まちづくり案の検討

都市計画決定
・土地区画整理事業の施行区域を都市計画決定
　※個人・組合施行についても、都市計画事業の場合には、都市計画決定手続を要する。

施行規程・定款
事業計画の決定
・施行規程：施行者、権利者が準拠すべき規則
　※組合施行の場合、定款
・事業計画：施行地区、設計の概要、事業施行期間、資金計画

土地区画整理審議会
・総会の設置
・審議会：施行地区内の地権者の代表として選挙により委員選出
　　　　　換地計画、仮換地指定等について議決
　　　　　※組合施行の場合、組合員の総会が議決

仮換地指定
・将来換地とされる土地の位置、範囲を指定
　（地権者による住宅等の建築が可能となる）
・仮換地の指定を受け、建物移転を実施
・道路築造、公園整備、宅地整地等の工事を実施

建物移転補償　工　事
・従前の宅地上の権利が換地上に移行
　（この際、清算金も確定）

換地処分
・施行者が土地、建物の変更に伴う登記をまとめて実施

土地・建物の登記
・換地について各地権者間の不均衡是正のため、金銭により清算

清算金の徴収・交付

事業の完了

出典：国土交通省ウェブサイト（https://www.mlit.go.jp/toshi/city/sigaiti/toshi_urban-mainte_tk_000033.html）より抜粋

　土地区画整理事業計画に関する手続は、**土地所有者などが争うタイミングを逸すると十分な救済を得られないことを理由に、計画段階でも処分性**

を肯定する傾向がある。

旧リーディングケース　　事業計画の無効確認を争った事例において、かつてのリーディングケース（最大判昭和 41・2・23 民集 20 巻 2 号 271 頁）では、事業計画そのものが「当該土地区画整理事業の青写真たるにすぎない一般的・抽象的な単なる計画にとどまるもの」という理解に立ち、計画の決定ないし公告の段階で取消訴訟等の提起は認められないとされていた。

新リーディングケース　　昭和 41 年判決を変更した 基本判例 2-3 最大判平成 20・9・10 民集 62 巻 8 号 2029 頁では、

(i)　事業計画の決定段階で争えなければ（＝処分性を認めなければ）、換地処分を争うことになること

(ii)　換地処分を争う段階になれば、宅地所有者等が被る権利利益の侵害に対する救済が十分でないこと

と解している。

基本判例 2-3

最大判平成 20・9・10 民集 62 巻 8 号 2029 頁
【事実の概要】　Y（被告、被上告人、浜松市）は、新浜松駅から西鹿島駅までを結ぶ遠州鉄道西鹿島線の連続立体交差事業の一環として、上島駅周辺の公共施設の整備改善等を図るため、同駅周辺土地区画整理事業を計画し、土地区画整理法に基づき県知事から認可を受けていた。当該事業の施行地区内の土地所有者である X ら（原告、上告人）は、当該事業が公共施設の整備改善及び宅地の利用増進という法所定の事業目的を欠くなどと主張し、事業計画の決定の取消訴訟を提起した。
【判旨】破棄自判　(i)「施行地区内の宅地所有者等は、事業計画の決定がされることによって、……土地区画整理事業の手続に従って換地処分を受けるべき地位に立たされるものということができ、その意味で、その法的地位に直接的な影響が生ずるものというべきであり、事業計画の決定に伴う法的効果が一般的、抽象的なものにすぎないということはできない。」
(ii)「換地処分等がされた段階では、実際上、既に工事等も進ちょくし、換地計画も具体的に定められるなどしており、その時点で事業計画の違法を理由として当該換地処分等を取り消した場合には、事業全体に著しい混乱をもたらすことになりかねない。……換地処分等がされた段階でこれを対象として取消訴訟を提起することができるとしても、宅地所有者等の被る権利侵害に対する救済が十分に果たされるとはいい難い。そうすると、事業計画の適否が争われる場合、実効的な権利救済を図るためには、事業計画の決定がされ

た段階で、これを対象とした取消訴訟の提起を認めることに合理性があるというべきである。」

【ポイント】　換地処分の段階において処分性を認めることになれば遅いと解される理由は何か？

このほか、土地区画整理法に基づき行われる土地区画整理組合の設立認可は、事業施行地区内の宅地について所有権・借地権を有する者すべてを強制的に組合員とし（25条1項）、認可によって施行権限を付与していること（14条2項）をもって、処分性を肯定した判例（最判昭和60・12・17民集39巻8号1821頁）がある。ただし、新たな施行地区の編入を伴わない事業計画の変更認可について処分性を否定した裁判例（京都地判令和元・11・19裁判所HP）がある。

(3)　関係判例・裁判例②——再開発事業

再開発事業計画の決定は、公告の日から土地収用法上の事業認定と同一の法律効果を生じることを理由に、処分性を肯定した判例（最判平成4・11・26民集46巻8号2658頁）がある。

これに対し、第一種市街地再開発事業に関する地区計画の変更決定等の取消訴訟において、それら決定に示されるのは都市計画にとどまり施行者や事業計画も決定されていないなど、処分性を認めるに足る具体性がないことを理由に否定された裁判例（東京高判令和2・7・2判自467号74頁）がある。

(4)　関係判例・裁判例③——都市計画

リーディングケース　　都市計画関連の事例は、処分性を否定する傾向にある。都市計画法に基づく工業地域の指定決定について、当該指定により建築基準法上の新たな制約を課す等の効果はあるものの、当該地域内の不特定多数者に対する一般的抽象的な効果に過ぎないとし、処分性を否定した判例（最判昭和57・4・22民集36巻4号705頁）がリーディングケースである。

他の事例　　このほか、都市計画の地区計画変更について、その策定の処分性を否定する判例（最判平成6・4・22判時1499号63頁）、都市計画法12条の4（昭和62年法律第63号改正前）に基づく地区計画を定める都市計画決定も処分性を否定する裁判例（東京高判平成21・11・26

裁判所 HP）がある。

　なお、都市計画そのものではないが、都市計画法 32 条は開発行為の許可申請をする際に公共施設の管理者の同意を得るものと規定するが、同意を拒否する行為（不同意）は処分に当たらないとされた判例（最判平成 7・3・23 民集 49 巻 3 号 1006 頁）がある。

5　事例傾向③——行政指導

⑴　特　徴

　行政指導は法律に規定されているとは限らず、「勧告」などの文言のように、そのものが規定されることはない（行政手続法に規定される程度である）。このため、個別事例において行政指導か否かを判断する必要がある。また、行政指導は①相手方の任意の判断にゆだねられること、②法的根拠は求められないことがその性質とされ、**法的な性質を伴わない事実行為の一つとして行政行為とは異なるもの**と解されてきた。このため、基本的に行政行為とはかい離した性質のものであり、処分性を肯定するには、対象となる行為の具体的性質に着目する必要がある。

⑵　関係判例・裁判例

　　病院開設中止勧告事件　病院開設の許可申請を行った原告に対し、医療法 30 条の 7 の規定に基づき県知事が行った勧告について処分性を肯定した 基本判例 2—4 **最判平成 17・7・15 民集59 巻 6 号 1661 頁 ［病院開設中止勧告事件］** がリーディングケースである。これは、医療法に基づく勧告が持つ効果が法的なものであること（保険医療機関の指定がなくなることで診療行為ができず開設を断念せざるを得ないことと直結する）に鑑みた理解である。

基本判例 2—4

最判平成 17・7・15 民集 59 巻 6 号 1661 頁 ［病院開設中止勧告事件］
【事実の概要】　X（原告、上告人）は富山県高岡市内で病院開設を計画し、病床数を 400 床とする医療法 7 条 1 項に基づく許可を申請したが、Y（被告、被上告人、富山県知事）は、同法 30 条の 7 の規定に基づき、「高岡医療圏における病院の病床数が、富山県地域医療計画に定める当該医療圏の必要病床数に達しているため」という理由で、開設を中止するよう勧告した。しかし X は Y に対し、勧告を拒否し、速やかに許可するよう求める文書を送付したところ、Y は X に対し申請を許可する処分をしたが、その際「中止勧告にもか

かわらず病院を開設した場合には、厚生省通知（昭和 62 年 9 月 21 日付け保発第 69 号厚生省保険局長通知）において、保険医療機関の指定の拒否をすることとされているので、念のため申し添える。」とする文書を送付した。そこでXは病院開設の中止勧告等の取消訴訟を提起した。

【判旨】一部破棄差戻　「医療法 30 条の 7 の規定に基づく病院開設中止の勧告は、……当該勧告を受けた者に対し、これに従わない場合には、相当程度の確実さをもって、病院を開設しても保険医療機関の指定を受けることができなくなるという結果をもたらすものということができる。そして、いわゆる国民皆保険制度が採用されている我が国においては、健康保険、国民健康保険等を利用しないで病院で受診する者はほとんどなく、保険医療機関の指定を受けずに診療行為を行う病院がほとんど存在しないことは公知の事実であるから、保険医療機関の指定を受けることができない場合には、実際上病院の開設自体を断念せざるを得ないことになる。このような医療法 30 条の 7 の規定に基づく病院開設中止の勧告の保険医療機関の指定に及ぼす効果及び病院経営における保険医療機関の指定の持つ意義を併せ考えると、この勧告は、行政事件訴訟法 3 条 2 項にいう『行政庁の処分その他公権力の行使に当たる行為』に当たると解するのが相当である。」

【ポイント】　勧告を受けた医療機関にはどのような不利益が生ずるか？

　ただし、行政指導に処分性を肯定するうえで、法的効果の存否を確認するうえで厳格な審査が求められているといえる。

処分差止訴訟の事例　取消訴訟ではないが、会計士法 41 条の 2 に基づき、公認会計士・監査審査会が行政処分その他の措置をとるよう求める勧告を公表する措置に対する差止訴訟（第 8 章）において、当該措置の法的性格に着目し、「審査会の保有する情報を投資者の保護等の目的から公開するという事実上の行為であって、これを行うことについて法令上の制約が設けられているものではない」こと、「対象監査法人につき権利がはく奪され又は義務が課せられるものではなく、公表により対象監査法人につき信用の低下等が生ずることがあるとしても、それは事実上の不利益にとどまるもの」とし、処分性を否定した裁判例（東京高判平成 30・6・28 裁判所 HP）がある。

6　事例傾向④──通知

(1)　特　徴

通知は、行政機関が特定・不特定の相手方に対し意思表示を行う際の形

式を指す。この場合も、処分性の有無は根拠となる法律の規定によって決まることから、法律の規定上「通知」とされていても、文言からすぐに判別できない。また、**通知にどのような効果が備わっているか根拠法の規定から見極めることが、処分性の有無を判別することにつながる。**

　⑵　関係判例・裁判例①――一方的行為

　　　|　土地汚染調査報告通知事件　|　　通知が一方的に行われる場合である。処分性が肯定された事例として、例えば、土壌汚染対策法 3 条 1 項の規定により使用が廃止された有害物質使用特定施設に係る事業場の土地の所有者等に対し、（知事の権限を執行した）市長から同条 2 項により使用の廃止に係る通知を行ったことにつき、その通知の処分性を肯定した 基本判例 2 − 5 **最判平成 24・2・3 民集 66 巻 2 号 148 頁［土壌汚染調査報告通知事件］**がある。本件では、同条 1 項の規定から、この通知が土地所有者に対する土壌汚染状況の調査・報告義務を生じさせる点に、具体的な法的効果を認めたものである。

基本判例 2 − 5

> 最判平成 24・2・3 民集 66 巻 2 号 148 頁［土壌汚染調査報告通知事件］
> 【事実の概要】　X（原告、被上告人）は、土壌汚染対策法 3 条 1 項の有害物質使用特定施設に係る事業場の敷地所有者であり、当該施設の使用廃止に伴い、Y（被告、上告人、旭川市）から同条 2 項による通知を受け、土壌汚染状況調査を実施し経過を報告すべきものとされたことについて、当該通知は処分に該当するにもかかわらず弁明の機会が付与されていないなどと主張し、その取消訴訟を提起した。
> 【判旨】上告棄却　「通知を受けた当該土地の所有者等に上記の調査及び報告の義務を生じさせ、その法的地位に直接的な影響を及ぼすものというべきである。」「実効的な権利救済を図るという観点から見ても、同条 2 項による通知がされた段階で、これを対象とする取消訴訟の提起が制限されるべき理由はない。」
> 【ポイント】　①通知によりどのような不利益が生ずると考えられたのか？②他の権利救済だとなぜ不十分なのか？

　　　|　就学通知事例　|　　下級審事例として、小学校の特別支援学級への就学通知に処分性を肯定した裁判例（横浜地判令和 2・3・18 判時 2483 号 3 頁）では、公権力の主体である県教育委員会が学校教育法施行令 14 条に基づき就学すべき学校を指定し、その旨の通知を保護者にす

るものであり、教育を受ける権利を直接形成し、保護者に対し児童の就学
義務（学校教育法17条1項）を具体的に形成するものであるとしている。

(3)　関係判例・裁判例② ── 申請行為が前提にある場合

太陽光設備不同意事例　　通知を受ける相手方にとって、それを受け
ることにより利益となるような場合である。
例えば、自治体条例の規定に従い、太陽光発電設備の設置事業者が町長に
協議を申し入たところ同意しないこと（不同意）の通知を処分であるとし
て取消訴訟を提起した事例において、町長が不同意によって開発者に対し
工事の停止や原状回復等の必要な措置を命令できるなどを根拠に処分性を
肯定した裁判例（甲府地判平成29・12・12判自451号64頁、控訴審・東京高
判平成30・10・3判自451号56頁）がある。

指定管理者不選定事例　　このほか、施設の指定管理者の募集に応募
したところ不選定の通知を受けたため、通知
の取消訴訟を提起した事例において、条例によれば指定管理者の指定を受
けようとする場合に市長に申請をし、選定されなかった場合には議会の議
決を受けられないという手続的な権利を侵害されることから、条例に基づ
き申請権を有しているとして通知に処分性を肯定した裁判例（津地判平成
30・11・15判自454号13頁）がある。

7　事例傾向⑤ ── その他

処分性に関連する事例として、自治体における争訟法務上注目すべきも
のを取り上げておく。

(1)　補助金制度の不交付決定・不認定決定事例

補助金については、交付手続が具体的に定められておらず、要綱による
場合などに着目して処分性を否定した事例が顕著である。結論に至る判断
過程をやや詳細に示しておく。

外国人学校補助金事例　　義務付け訴訟の事例になるが、府の外国人
学校振興補助金を交付しない旨の処分につい
て処分性を認めない理由に、

(i)　私立学校法59条（64条5項による準用）及び私立学校振興助成法
　　10条（16条による準用）には具体的な手続を定める規定や交付等の請
　　求権・申請権を認める規定等は見当たらないこと

(ii)　府交付規則は法律・条例等の形式によらず基本的事項を一般的に規定するものにすぎないこと

(iii)　府交付規則・府要綱は交付を受けることのできる法的権利を認める趣旨を含まないこと

を理由とした裁判例（大阪高判平成 30・3・20 判時 2390 号 3 頁）がある。

重度障害者通勤対策助成金事例　重度障害者等通勤対策助成金の受給資格の不認定についても、

(i)　障害者雇用促進法及び同法施行規則等には支給手続に関して何らの具体的な定めを置いていないこと

(ii)　認定手続は支給要領によって規定された手続に過ぎないこと

から、処分性を否定した裁判例（東京地判平成 27・12・15 判時 2302 号 29 頁）がある。

(2)　特別交付税額決定事例

地方交付税法 15 条 2 項に基づく総務大臣による特別地方交付税額の決定は、同法を根拠として優越的地位に基づき一方的に行う公権力の行使であり、交付を受ける権利ないし法律上の利益に直接影響を及ぼす法的効果を有するとして処分性を肯定した裁判例（大阪地判令和 4・3・10 裁判所 HP ［泉佐野市特別交付税訴訟］、本件は中間判決・大阪地判令和 3・4・22 判時 2495 号 14 頁において「法律上の争訟」に当たると認められた）がある。

(3)　議会による懲罰

市議会による議員に対する出席停止の懲罰そのものに処分性を肯定した **基本判例 2—6** 最判令和 2・11・25 民集 74 巻 8 号 2229 頁がある。議会の判断は自律性が強く、司法審査が及ばないという考え方もありうるが（政務活動費との関係は **第 19 章**）、議員に対する懲罰について、当該議員が議会に出席できなければ「住民の負託を受けた議員としての責務を十分に果たすことができなくなる」という点に着目し司法審査が可能であることを前提に、処分性を肯定している。

基本判例 2—6

最判令和 2・11・25 民集 74 巻 8 号 2229 頁
【事実の概要】　市議会議員 X（原告、被上告人）は、市議会から科された 23 日間の出席停止の懲罰が違憲、違法であるとして Y（被告、上告人、岩沼市）に対し当該懲罰を処分としてその取消訴訟を提起するとともに、市条例に基

づき議員報酬のうち当該処分による減額分の支払いも請求した。

【判旨】上告棄却 「出席停止の懲罰は、上記の責務を負う公選の議員に対し、議会がその権能において科する処分であり、これが科されると、当該議員はその期間、会議及び委員会への出席が停止され、議事に参与して議決に加わるなどの議員としての中核的な活動をすることができず、住民の負託を受けた議員としての責務を十分に果たすことができなくなる。このような出席停止の懲罰の性質や議員活動に対する制約の程度に照らすと、これが議員の権利行使の一時的制限にすぎないものとして、その適否が専ら議会の自主的、自律的な解決に委ねられるべきであるということはできない。」

【ポイント】 議会の懲罰をめぐる司法審査の有無と処分の有無の関係性

第 6 章　取消訴訟の訴訟要件②
——原告適格（法律上の利益）

> 取消訴訟を提起できる原告を決する原告適格（法律上の利益）の有無について、
> その基本的な概念を確認する。あわせて、三面関係における原告適格の考え
> 方について、取り上げる。

1　原告適格（法律上の利益）の意義

「法律上の利益」とは？　　行政事件訴訟法 9 条 1 項の規定によれば、取消訴訟が提起できる者とは、当該処分の取消しを求めるにつき「法律上の利益」を有する者とされている。この考え方は、行政不服審査法における審査請求人の基準となるものと一緒である（ **第 2 章** ）。このように、「**法律上の利益**」を有する者であるか否かは原告適格と称される。

「法律上の利益」とは、典型的には財産上の利益、生命・健康身体などに関する利益を指す。したがって、営業上（＝財産上）の利益を侵害する営業不許可処分を受けた者は、その処分の取消訴訟について原告適格があることは言うまでもない。しかし、原告が他者に対する処分を争って「訴えの利益」を侵害されたと主張する場合が、この種の訴訟には非常に多い。したがって、通常、「**法律上の利益**」の問題は三面関係にあるといってよい。

団　体　　「法律上の利益」は個人的利益を中心とする。このため、消費者団体、環境団体をはじめとした一つの目的のために結成される団体組織自身が原告となることも考えられるが、これを認める判例・裁判例はない（ **基本判例 1—1** [**主婦連ジュース事件**] 参照）。遺跡研究の学者らが県文化財保護条例に基づく遺跡指定の解除について取消訴訟を提起したケースでは、当該学者らの原告適格は否定されるとともに、代表的出訴資格を認める規定はないとしている（最判平成元・6・20 判時 1334 号 201 頁 [井場遺跡訴訟]）。

取消訴訟以外　　原告適格（訴えの利益）の考え方は、取消訴訟だけでなく、その他の無効等確認訴訟（36 条）、義務付け訴訟

（37条の２第３・４項。ただし非申請型）及び差止訴訟（37条の４第３・４項）
といった抗告訴訟についても適用される。

2　三面関係と「法律上の利益」（基本概念）

(1)　考え方の基本

| 法律上保護された利益説 |

　　　　　　三面関係における想定例として、隣接す
るマンションの建築主が受けた建築確認を
周辺住民が「法律上の利益」を侵害されたとし、当該確認処分の取消しを
求める場合、その周辺住民には原告適格があると解される。この場合、通
常は原告は工事による騒音や日陰その他の具体的な利益を侵害されたと主
張することになるが、これらの具体的な利益が法律上のものとして保護さ
れている（法律上保護された利益）と解されるかが重要である。

　「法律上保護された利益」とは、最も狭い理解に立つと、法律の条文に
規定されている者のみ認めるという考え方だが、**条文に明確に規定されて
いなくても法律の解釈を通じて判断する**のがこの意味である。なお、その
場合も形式的な意味の法律（国会が制定する国の法）のほか、政省令や条例・
規則なども当然に含まれる。

| 他の学説と考え方 |

　　　　　　他の学説として「法律上保護に値する利益」説
　　　　　　もあった。これは、裁判官が法律を解釈したうえ
で決する点では、「法律上保護された利益」と考え方では共通する一方、
原告適格に値するかを裁判官が事実上の利益も含めて主観的に決し得る趣
旨も込められていたため、市民救済の観点から魅力的な説であった。しか
し、現在は判例を中心に、**条文の規定が解釈の出発点として原告の範囲を
決定**しており、法律の条文に忠実である（具体的な判断手法は→(2)）。

(2)　判例と行政事件訴訟法９条２項

　三面関係における「法律上の利益」を判断する際、行政事件訴訟法９条
２項の規定がその指針を示している。この規定が登場する背景となったの
は、二つの最高裁判決（ 基本判例2-7 最判平成元・２・17民集43巻２号
56頁［新潟空港訴訟］及び 基本判例2-8 最判平成４・９・22民集46巻６号
571頁［もんじゅ訴訟（原告側上告審）］）である。

基本判例 2—7

最判平成元・2・17 民集 43 巻 2 号 56 頁 [新潟空港訴訟]
【事実の概要】　Xら（原告、上告人）は、A（訴外）に対して出したY（被告、被上告人、運輸大臣）の新潟—小松—ソウル間及び新潟—仙台間の各定期航空運送事業の免許処分について、新潟空港の運用により生ずる航空機発着に伴う騒音等によりその生活利益を侵害されていると主張し、当該処分の取消訴訟を提起した。
【判旨】上告棄却　(i)　航空法1条は航空機の航行に起因する障害の防止を図ることを直接の目的にしている。
(ii)　Yは「公共用飛行場の周辺における航空機の騒音による障害の防止等を目的とする公共用飛行場周辺における航空機騒音による障害の防止等に関する法律3条に基づき、公共用飛行場周辺における航空機の騒音による障害の防止・軽減のために必要があるときは、航空機の航行方法の指定をする権限を有しているのであるが、同一の行政機関である運輸大臣が行う定期航空運送事業免許の審査は、関連法規である同法の航空機の騒音による障害の防止の趣旨をも踏まえて行われることが求められるといわなければならない。」
(iii)　「申請に係る事業計画が法101条1項3号にいう『経営上及び航空保安上適切なもの』であるかどうかは、当該事業計画による使用飛行場周辺における当該事業計画に基づく航空機の航行による騒音障害の有無及び程度を考慮に入れたうえで判断されるべきものである」。同号は「飛行場周辺に居住する者が航空機の騒音によって著しい障害を受けないという利益をこれら個々人の個別的利益としても保護すべきとする趣旨を含むものと解することができるのである。」
【ポイント】　航空法の規定をどのように解釈するとXらが主張する利益を保護することになるのか？

基本判例 2—8

最判平成4・9・22 民集 46 巻 6 号 571 頁 [もんじゅ訴訟（原告側上告審）]
【事実の概要】　Xら（原告、上告人）は、Y（被告、被上告人、内閣総理大臣）に対するA（動力炉・核燃料開発事業団）の原子炉設置許可を受けた高速増殖炉「もんじゅ」から半径29キロメートルないし58キロメートルの範囲に居住する者であったが、大事故が生じれば放射能漏れによる重大な被害を受けるなどを主張し、当該許可には重大かつ明白な瑕疵があるとして無効確認訴訟を提起した。ここではXらの上告に関するものを取り上げる。
【判旨】破棄差戻　(i)（当時の）原子炉等規制法24条1項「3号（技術的能力に係る部分に限る。）及び4号の設けられた趣旨、右各号が考慮している被害の性質等にかんがみると、右各号は、単に公衆の生命、身体の安全、環境上の利益を一般的公益として保護しようとするにとどまらず、原子炉施設周辺

に居住し、右事故等がもたらす災害により直接的かつ重大な被害を受けることが想定される範囲の住民の生命、身体の安全等を個々人の個別的利益としても保護すべきものとする趣旨を含むと解するのが相当である。」

(ii)「X らは、……安全性に関する各審査に過誤、欠落がある場合に起こり得る事故等による災害により直接的かつ重大な被害を受けるものと想定される地域内に居住する者というべきであるから、……行政事件訴訟法 36 条所定の『法律上の利益を有する者』に該当するものと認めるのが相当である。」

【ポイント】 原子炉等規制法の規定から何が保護された利益と解しているか?

　これら二つは、従来、三面関係における第三者として原告適格が認められなかった主張(騒音、放射線による健康被害等)について、法律の条文の趣旨、目的、関連する他の法律の規定等を参酌することで導き出す具体的方法を確立した判例といえるものである。

行政事件訴訟法 9 条 2 項
裁判所は、処分又は裁決の相手方以外の者について前項に規定する法律上の利益の有無を判断するに当たっては、当該処分又は裁決の根拠となる法令の規定の文言のみによることなく、当該法令の趣旨及び目的並びに当該処分において考慮されるべき利益の内容及び性質を考慮するものとする。この場合において、当該法令の趣旨及び目的を考慮するに当たっては、当該法令と目的を共通にする関係法令があるときはその趣旨及び目的をも参酌するものとし、当該利益の内容及び性質を考慮するに当たっては、当該処分又は裁決がその根拠となる法令に違反してされた場合に害されることとなる利益の内容及び性質並びにこれが害される態様及び程度をも勘案するものとする。

　現在の行政事件訴訟法 9 条 2 項の規定は、これらの判例を下敷きにしている。条文の規定を分類すれば、

(i)　法令の趣旨・目的、利益の内容・性質を考慮すること
(ii)　当該法令と共通する関連法令があるときはその趣旨・目的を参酌すること
(iii)　(i)については侵害利益の内容・性質・態様・程度をも勘案すること

と整理できる。ただし、これらの考慮事項は総合的に勘案されるものであるため、事例に即して判断せざるを得ない。

3　事例傾向①──周辺住民

⑴　特　徴

三面関係の原告としてもっとも典型的な事例は、ある施設に居住する周辺住民によって取消訴訟が提起される場合である。周辺住民が訴訟団体を構成して出訴する場合とは異なり、**複数住民が個別に取消訴訟を提起する場合を想定**する。したがって、原告それぞれの具体的利益の存否が問題となる。

事例傾向を読み解くうえでは、原告がどのような不利益を主張しているのかを正確にとらえる必要がある。周辺住民であると、例えば①当該施設から発せられる騒音・異臭、安全への脅威等による不利益を被っていること（**生命・身体の被害等**）、②当該施設の設置等により私有財産の価値を低下させる等の不利益を被っていること（**財産上の被害等**）が典型と言える（②については競業者もあり得る→4）。そのうえで、これらの不利益から原告を保護すべきことを法律上根拠付けられるかが、課題となる。

⑵　関係判例・裁判例

| 特　徴 | 三面関係のうち原告適格が争点となる事例は、主にこの周辺住民からの主張が問題となる。これは、その主張が環境上 |

の利益等、法律上の利益としては条文の規定から明確に導き出しにくいと思われる場合が多いからであるが、そのようなケースであっても、解釈を通じて原告適格を肯定する傾向にあるといえる。

| 小田急高架化訴訟大法廷判決 | 行政事件訴訟法 9 条 2 項の規定を当てはめつつ、原告適格がある者の範囲を決 |

定していく手法をとるリーディングケースとして、基本判例2─9 **最大判平成 17・12・7 民集 59 巻 10 号 2645 頁［小田急高架化訴訟大法廷判決］** がある。この判例の整理から、例えば①法律の規定から騒音・振動等による健康・生活環境に係る被害から保護されたと解されるかという**保護範囲要件**、②被害から個人の利益として保護されているかという**個別保護要件**の二つに分けて考察するというのが、現在の通説的理解である。

基本判例 2 ─ 9

最大判平成 17・12・7 民集 59 巻 10 号 2645 頁［小田急高架化訴訟大法廷判決］

【事実の概要】　建設大臣は東京都に対し、小田急小田原線の一部区間の連続
立体交差化を内容とするもの、附属街路の設置を内容とするもののそれぞれ
都市計画事業を認可した。Xら（原告、上告人）は、鉄道事業地の周辺地域
の居住者であり、街路事業の事業地内の土地を所有する者もいた。

　Xらは事業方式が代替案である地下式を採用せず甚大な被害を与える高架
式で実施しようとしている点で本件鉄道事業認可及び各附属街路事業認可が
いずれも違法であり、Y（被告、被上告人、関東地方整備局長）に対し各認可
の取消訴訟を提起した。ここで取り上げる判決はXらの原告適格についての
み判断されたものである。

【判旨】一部認容　「都市計画事業の認可に関する都市計画法の規定の趣旨及
び目的、これらの規定が都市計画事業の認可の制度を通して保護しようとし
ている利益の内容及び性質等を考慮すれば、同法は、これらの規定を通じて、
都市の健全な発展と秩序ある整備を図るなどの公益的見地から都市計画施設
の整備に関する事業を規制するとともに、騒音、振動等によって健康又は生
活環境に係る著しい被害を直接的に受けるおそれのある個々の住民に対して、
そのような被害を受けないという利益を個々人の個別的利益としても保護す
べきものとする趣旨を含むと解するのが相当である。」

【ポイント】　原告適格が認められる者の範囲をどのように特定できるか？

①保護範囲要件　原告が公益上のみならず処分の根拠法規によって保護され
た範囲内にある者といえるか？
②個別保護要件　その原告が個人として主張する被害から保護されるべき者
といえるか？

サテライト大阪訴訟　自転車競技法4条2項に基づく設置許可に対し、
周辺の病院開設者等が原告となった当該許可の
取消訴訟である 基本判例2—10 最判平成21・10・15民集63巻8号1711
頁［サテライト大阪訴訟］では、基本判例2—9［小田急高架化訴訟大法廷
判決］の判断枠組みを当てはめつつ、原告適格の有無を切り分ける判
断基準を事例に即して提示している。

　すなわち、自転車競技法4条2項に基づく同法施行規則15条1項1号
及び4号（平成18年経済産業省令第126号による改正前）において、①病院
等から相当の距離を有し文教上・保健衛生上著しい支障をきたすおそれが
ないもの（1号、**位置基準**）及び②施設の規模等が周辺環境と調和したもの
（4号、**周辺環境調和基準**）に照らして、判断している点に特徴がある。具
体的には、

$$\left\{ \begin{array}{l} \text{(i)　位置基準が保護しようとするのは不特定多数者の利益であること} \\ \text{(ii)　周辺環境調査基準が場外施設の周辺に居住する者等の具体的利益を} \\ \text{個別的利益として保護する趣旨を読み取るのは難しいこと} \end{array} \right.$$

とした。

> **基本判例 2—10**
>
> **最判平成 21・10・15 民集 63 巻 8 号 1711 頁 [サテライト大阪訴訟]**
> **【事実の概要】**　経済産業大臣は自転車競技法 4 条 2 項に基づき場外車検発売施設（サテライト大阪）の設置許可をしたところ、周辺で病院を開設する X ら（原告、被上告人）が Y（被告、上告人、国）に対し、当該許可が設置許可要件を満たさない違法なものなどとして、取消訴訟を提起した。
> **【判旨】一部破棄自判**　(i)設置許可基準の一つである位置基準について、「第一次的には、上記のような不特定多数者の利益であるところ、それは、性質上、一般的公益に属する利益であって、原告適格を基礎付けるには足りないもの」であり、場外施設の周辺居住者や事業を営む者は原告適格を有しない。
> (ii)周辺環境調査基準について、「基本的に、用途の異なる建物の混在を防ぎ都市環境の秩序ある整備を図るという一般的公益を保護する見地からする規制というべき」であり、「場外施設の周辺に居住する者等の具体的利益を個々人の個別的利益として保護する趣旨を読み取ることは困難といわざるを得ない」。
> **【ポイント】**　原告適格の有無を決する判断基準にはどのようなものがあるとしているか？

「良好な景観の恵沢を享受する利益」　取消訴訟などの抗告訴訟ではないが、高層マンションの近接地域の居住者が「良好な景観の恵沢を享受する利益」が法律上保護に値すると解するとした判例（最判平成 18・3・30 民集 60 巻 3 号 948 頁 [国立高層マンション事件]）があるが、このような利益が三面関係において原告適格を根拠付ける可能性があることに注意が必要である。

4　事例傾向②——競業者

(1)　特　徴

　三面関係において、競業者に原告適格があるかが問題となる。競業者とは、競争上の利害関係にある者を指す。例えば、ある私人が営業許可を受けたことでもう一人の私人が許可を受けられず、又は不利益を受ける場合などにおいて、当該許可を争うことが考えられる。この場合、事例傾向か

らもわかるように、**問題とされた許可等の根拠規定において競業者に法律上の利益が明確に規定されているか**が、競業者における原告適格の存否を見極めるためのポイントになる。

(2) 関係判例・裁判例

競業者には原告適格を肯定する事例傾向がある。

病院開設事例　医療法7条の規定に基づき病院開設予定とされる土地付近において医療施設を開設する医療法人等が許可の取消訴訟を提起した事例において、判例（最判平成19・10・19判時1993号3頁）は営利目的の病院開設申請者には許可を与えないとする医療法7条5項の規定などから、病院開設の拒否の判断に当たりその付近で病院を開設している者の利益を考慮する予定はないとして原告適格を否定した。

一般廃棄物処理業事例　一般廃棄物処理業をめぐり競業者に原告適格を肯定した 基本判例2—11 最判平成26・1・28民集68巻1号49頁では、

(i) 廃棄物処理法の規制構造に照らすと、一般廃棄物処理業の需給の調整が図られる仕組みがとられていること

(ii) 需給の均衡が損なわれ事業の適正な運営が害される事態を防止するため、既存の許可業者の事業への影響を考慮することで、事業に係る営業の利益を保護すべきものとする趣旨が含まれていること

と解している。

基本判例2—11

最判平成26・1・28民集68巻1号49頁
【事実の概要】　X（原告、上告人）は昭和56年4月にY（被告、被上告人、小浜市）市長から廃棄物処理法に基づき、市全域において一般廃棄物のうちごみ、し尿及び浄化槽汚泥の収集運搬を業として行う許可・更新を受けていた。その後、Y市長は平成13年10月1日付けで、Aに対し市全域における一般廃棄物のうちごみ等を収集運搬を業として行う許可処分と更新を行った。さらにその後、平成16年4月1日付けで、市全域において一般廃棄物のうちごみの収集運搬を業として行う許可処分と更新をB（被上告補助参加人）に対して行っていた。Xは、このようなA及びBに対する一般廃棄物運搬業・処分業の許可・更新処分が違法であると主張して、それらの取消訴訟等を提起した。
【判旨】一部破棄差戻　(i)「一般廃棄物の発生量及び処理量の見込みに基づいてこれを適正に処理する実施主体等を定める一般廃棄物処理計画に適合すること等の許可要件に関する市町村長の判断を通じて、許可業者の濫立等によっ

て事業の適正な運営が害されることのないよう、一般廃棄物処理業の需給状況の調整が図られる仕組みが設けられている。」

(ii)「一般廃棄物処理業に関する需給状況の調整に係る規制の仕組み及び内容、その規制に係る廃棄物処理法の趣旨及び目的、一般廃棄物処理の事業の性質、その事業に係る許可の性質及び内容等を総合考慮すると、廃棄物処理法は、……他の者からの一般廃棄物処理業の許可又はその更新の申請に対して市町村長が上記のように既存の許可業者の事業への影響を考慮してその許否を判断することを通じて、……その事業に係る営業上の利益を個々の既存の許可業者の個別的利益としても保護すべきものとする趣旨を含むと解するのが相当である。」

【ポイント】　原告の営業上の利益を廃棄物処理法からどのように導き出しているか？

第7章　取消訴訟の訴訟要件③
── 狭義の訴えの利益

> 取消訴訟における訴訟要件の三つ目として、処分の取消しが現実的に可能で
> あるかを問題とする狭義の訴えの利益について、概観する。

1　狭義の訴えの利益の意義

概　要　　取消訴訟が提起され、処分性と原告適格（法律上の利益）といった訴訟要件（訴えの利益）が満たされる場合でも、処分の取消しに現実的な意味がなければ、やはり訴えは却下（門前払い）される。このように、**現実的に意味のある利益を「狭義の訴えの利益」又は単に「訴えの利益」と呼ぶことがある。**

意味のある利益とは？　　狭義の訴えの利益は、原告が現に受けている主観的なもの（取り消されることで原告の心理的ストレスが解放される等）ではなく、**法的に見て（客観的観点から）意味があるという趣旨**である。例えば、運転免許停止期間後に停止処分の取消訴訟を提起したとしても、名誉権の侵害があったとして訴えの利益があるとは認められないとされた判例（最判昭和 55・11・12 民集 34 巻 6 号 781 頁）がある。

このほか、一度侵害されると処分を取り消しても元の地位に戻れないものの、取消しの効果によって何らかの財産的利益を取得できる場合には、狭義の訴えの利益があるとされる。例えば、懲戒免職処分を受けた地方公務員が処分取消訴訟中に選挙に立候補したことで公職選挙法 90 条の規定に基づき公務員としての職を辞したとみなされても、未払給与を請求するには処分を取り消してもらう必要があると考えられるので、訴えの利益は残されるといった具合である（最大判昭和 40・4・28 民集 19 巻 3 号 721 頁）＊。

特　徴　　狭義の訴えの利益に関する事例は、他の訴訟要件に比べ種類を特定しにくい傾向にある。ここで問題とすべきは、原告の主張内容が法的に見て救済可能な状態に置かれているかという点である。したがって、被告側も、他の訴訟要件と同様、**原告側からどのような残さ**

＊懲戒免職処分の公定力を排除しなければ、民事訴訟（地位確認・給与支払請求）が提起できないと解される所以である。

れた利益が主張されるかを検討することが重要となる。

2　事例傾向①── 期間経過

　期間経過とは、出訴期間の徒過を指すのではなく、特定期間が経過したことで処分の効力がなくなったり、主張された違法性が実態の変化によって過去のものとなるといったように、極めて法的な意味である。狭義の訴えの利益が認められる場合は、**処分の取消し効果により現時点で依然処分を受けた者の主張する利益が存続しているか否か**が、ここでの課題になる。

基本判例 2 ―12

最判昭和 59・10・26 民集 38 巻 10 号 1169 頁
【事実の概要】　Y（被告、被上告人）はＡらの土地上の建物（以下、「本件建物」という）につき建築確認をしたところ、Ｘは当該土地に隣接する通路を使用していたが、当該通路が建築基準法 42 条 2 項に該当する道路に該当しないにもかかわらずそのように認めたうえで建築確認がなされたので違法であるなどと主張し、当該建築確認の取消しを求めた。なお、本件建物はすでに建築が完成し使用に供されていた。
【判旨】上告棄却　工事完了後の建築主事等の検査は「当該建築物及びその敷地が建築関係規定に適合しているかどうかを基準とし、同じく特定行政庁の違反是正命令は、当該建築物及びその敷地が建築基準法並びにこれに基づく命令及び条例の規定に適合しているかどうかを基準とし、……違反是正命令を発するかどうかは、特定行政庁の裁量にゆだねられているから、建築確認の存在は、検査済証の交付を拒否し又は違反是正命令を発する上において法的障害となるものではな」い。「また、たとえ建築確認が違法であるとして判決で取り消されたとしても、検査済証の交付を拒否し又は違反是正命令を発すべき法的拘束力が生ずるものではない。」
【ポイント】　建築物完了後に残された建築確認の取消しに係る訴えの利益とはどのようなものか？

　例えば、基本判例 2―12 最判昭和 59・10・26 民集 38 巻 10 号 1169 頁では、建築基準法における建築確認に対し取消しを求める訴えの利益は、建築物の工事完了に伴い喪失すると解されている。この理由として、建築確認が取り消されたことで建築主事等が違反是正命令を出すとは限らないという点にあり、建築確認とは「建築関係規定に違反する建築物の出現を未然に防止することを目的としたもの」という理解が前提にある。

3　事例傾向②—裁量基準

　処分の期間が一度終了したとしても、事前に策定された基準を満たす場合に、元の処分を取り消されないと不利益が継続するような場合である。例えば、不利益処分に係る処分基準（裁量基準）が策定されており、処分基準において加重要件が定められている場合には、処分が取り消された後においてもその後に処分の量定に不利益が生ずる可能性があることをもって、狭義の訴えの利益が存在するという認定方法である。　基本判例2—
⓭最判平成27・3・3民集69巻2号143頁は、このような場合にも取消訴訟を適法としており、狭義の訴えの利益があると認めたものである*。

＊ただし、差戻第一審（札幌地判平成27・6・18LEX/DB文献番号25540843）では、原告の請求が棄却された。

基本判例2—13

最判平成27・3・3民集69巻2号143頁
【事実の概要】　パチンコ店を営んでいたX（原告、上告人）は、北海道函館方面公安委員会から「風俗営業等の規制及び業務の適正化等に関する法律」26条1項に基づく営業停止処分を平成24年10月24日付けで受けたため、その取消しを求めた。同法に基づく営業停止命令等の量定等の基準に関する規程によれば、過去3年以内に営業停止命令を受けた者に対し再び営業停止命令を行う場合、上限・下限にそれぞれ過去3年以内に営業停止命令を受けた回数の2倍の数を乗じた期間を上限・下限とし、期限を標準の2倍とする旨定められていた。
【判旨】破棄差戻　「行政手続法12条1項の規定により定められ公にされている処分基準である本件規程の定めにより将来の営業停止命令における停止期間の量定が加重されるべき本件処分後3年の期間内は、なお本件処分の取消しによって回復すべき法律上の利益を有するものというべきである」。
【ポイント】　①処分基準の規定を根拠に狭義の訴えの利益は根拠付けられるか？②どのような不利益が存続するか？

4　事例傾向③—付随的効果

　処分そのものではなくそれに付随する効果に着目して、処分後における取消訴訟において狭義の訴えの利益を認定しようとする方法である。処分基準によって加重要件が定められている場合に処分後の取消訴訟が提示されることと類似しているが、処分が再度出されることを想定しているのではなく、**不利益となる効果に着目するものである**。

基本判例 2—14

最判平成 21・2・27 民集 63 巻 2 号 299 頁
【事実の概要】　X（原告、被上告人）は、道路交通法の違反行為があったため、運転免許証の有効期間の更新申請手続上、優良運転者でなく一般運転者に該当するものとして運転免許証の更新処分を受けたことに対し、一般運転者とする部分の取消し等を Y（被告、上告人、神奈川県）に求めた。
【判旨】上告棄却　「客観的に優良運転者の要件を満たす者であれば優良運転者である旨の記載のある免許証を交付して行う更新処分を受ける法律上の地位を有することが肯定される以上、一般運転者として扱われ上記記載のない免許証を交付されて免許証の更新処分を受けた者は、上記の法律上の地位を否定されたことを理由として、これを回復するため、同更新処分の取消しを求める訴えの利益を有するというべきものである。」
【ポイント】　優良運転者であることでどのような法律上の利益があると解されるか？

　基本判例 2—14 最判平成 21・2・27 民集 63 巻 2 号 299 頁では、一般運転者として免許更新処分を受けた場合、その後に優良運転者としての法的利益を得られなくなるといった付随的効果に着目し、これを回復するために更新処分の取消しに係る訴えの利益を認めようとするものであった。この場合、道路交通法上

(i)　有効期間を 3 年から 5 年とする利点
(ii)　他の免許保有者にも安全運転を心がけるようにさせること
(iii)　更新時講習の講習事項・講習時間をそれ以外の者より軽くする措置が採られること
(iv)　手数料の額も軽減されること

などをもって、優良運転者の法律上の地位として保障したものと解した。ただし、このような判例の考え方は、付随する効果が法的な利益に値すると解される必要があることから、そうではないと解されるリスクもありうるため、原告側はこうした点を慎重に意識した主張が展開されることが考えられる。なお、基本判例 2—14 について、この種の付随的利益は、本来は処分の違法性として考えるべきであり、わざわざ狭義の訴えの利益として認めることに疑問を呈する見方もある＊。

＊塩野・行政法 Ⅱ155 頁参照。

第8章　義務付け訴訟・差止訴訟の基本論点

> 処分が行われる前の状態にある義務付け・差止訴訟は、原告側が活発に利用
> する一方で、独自の論点があることから、それらの基本論点を概観する。

1　義務付け訴訟・差止訴訟の意義

| 特　徴 |

　　　　　取消訴訟は、処分に誤りがあるかを事後的に判断する訴え
だが、義務付け訴訟・差止訴訟はともに**裁判所に対し積極的**
な判断を求める訴えである。

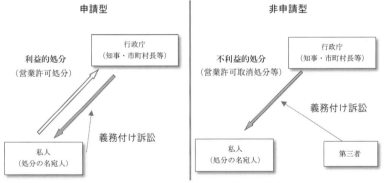

図　申請型・非申請型義務付け訴訟のイメージ

図　差止訴訟のイメージ

　義務付け訴訟だと、典型的には①営業許可の申請に対し無応答であれば利益処分（許可）を求めたりする場合（**申請型**）、②被害を与える企業に対し被害者が不利益処分（営業許可の取消処分）を求めたりする場合（**非申請型**）がある。これに対し、差止訴訟だと、不利益処分（免許取消処分）が出される前にその名宛人となる企業が処分の差止めを求めたり（**差止訴訟①**）、隣接マンション業者に出されそうな利益処分（建築確認処分）について周辺住民が差止めを求める場合（差止訴訟②）である。

　争訟法務の視点　　義務付け訴訟・差止訴訟は、裁判所が処分又は差止めを行うべきかを行政庁に代わって判断することを求めるものであり、行政庁の第一次的判断権を侵害しうるのではないかという疑いから、適法な訴訟として認められない可能性が高かった（ただし法的には不可能ではなかった）。逆に被告側から見ると、考慮に入れることが少ない訴訟といえたが、現在では法定されたことから、原告側によって活発に利用されるようになっている。このため、争訟法務の観点において、どのような場合に利用されているかを踏まえ、訴訟要件や活用のされ方など基本事項をおさえておく必要がある。

2　義務付け訴訟の基本

　義務付け訴訟には、**大きく分けると申請型と非申請型の二つの類型がある**が、この訴訟そのものが法的に可能か争われたリーディングケースはないといってよい。

---

①**申請型**：申請に対する処分を求める場合（37条の3）
　➡　**申請不作為型**：申請に対して処分がなされない場合（<u>不作為の違法確認訴訟と併合提起</u>）
　➡　**申請拒否処分型**：申請に対して拒否処分がなされる場合（<u>取消訴訟又は無効等確認訴訟と併合提起</u>）
②**非申請型**：申請を前提としない処分を求める場合（37条の2）

⑴　申請型について

　要件（申請型〇非申請型×）　　申請行為を前提とする申請型は、不作為の違法確認訴訟や取消訴訟（無効等確認訴訟）によっても可能となる前提で提起される訴訟である。このため、行政庁の第一次的判断権を侵害するおそれは低く、非申請型の場合に比べて認

容のハードルも低い。

　申請型のうち不作為型・拒否処分型の二つの類型には、不作為の違法確認訴訟か取消訴訟（又は無効等確認訴訟）のいずれかと併合提起が求められる（37条の3第3項）。例えば、①営業の許可申請を留保していれば許可の義務付けとあわせて不作為の違法確認訴訟を提起し、②不許可処分をした場合は許可を求める義務付け訴訟と不許可処分の取消訴訟を提起するといった具合である。

社会保障関連支給決定事例　　申請型に係る事例として顕著なものは、義務付けの対象が当初の支給量に比べ増額の義務付けを求めた事例がある。障害者支援法に基づく介護給付費支給決定について、介護支給量を1か月568時間20分を下回らない時間とする新たな支給決定を義務付けた裁判例（東京地判平成30・10・12判自455号57頁）がある。同じく、同行援護の支給量をめぐる当初支給決定に対し、5時間増加させた支給決定を行う義務付け訴訟について、これと併合提起された支給決定の取消訴訟が認められないことをもって義務付け訴訟を棄却した裁判例（大阪地判平成30・12・19判自452号53頁）がある。

　なお、国民年金法に基づく障害基礎年金受給者に対する支給停止処分について、処分の理由提示要件の欠如を理由に取消訴訟を認容したが、取消訴訟の請求認容の終局判決が迅速な争訟の解決に資するとして支給停止解除の義務付け訴訟は判断されなかった裁判例（大阪地判平成31・4・11判時2430号17頁）がある。

情報公開請求事例　　情報公開請求に対する不開示決定について、その取消しと併合して義務付け訴訟が提起される場合がある。この場合は、必ず取消訴訟との併合請求になるため、事案処理方法としては、①もっぱら不開示決定の取消しにより請求の判断がある場合（東京地判平成22・3・30判自331号13頁。ただし理由提示不備が問題となった事例）及び②義務付け訴訟もあわせて請求が認容される場合（例、最判平成21・12・17判時2068号28頁、津地判平成28・3・24判時2304号45頁、福井地判平成30・11・14LEX/DB文献番号25562065）に分かれる。情報公開請求に対する不開示決定の場合、決定の取消しに伴う再度の不開示決定が相当程度予想されていれば格別、そうでなければ義務付け訴訟をあえて提起することは不要ともいえるが、今後とも原告側が請求対象文書の開示決

定の義務付け訴訟を選択する可能性は十分ありうる。

　⑵　非申請型について

要件（非申請型〇申請型×）
　非申請型は申請という前提なく処分の義務付けを求めるものであり、行政庁の第一次判断権を侵害する可能性が高いという意味では**申請型より認容のハードルが高い**。①重大な損害を生ずるおそれがあること（**重損要件**）及び②その損害を避けるため他に適当な方法がないこと（**補充性要件**）が非申請型には要件の充足が求められる（37条の2第1項）。なお、申請型と非申請型では若干文言に違いがあるが、裁量権の逸脱濫用があるかといった要件があることは共通している（**本案勝訴要件**の一つ）。

事例傾向
　産業廃棄物処理場において処理基準を満たさない処理が行われることで生活環境保全上の支障が生ずることから、支障の除去等を求める義務付けを県知事に求めたのに対し、鉛で汚染された地下水が周辺住民の生命・健康に侵害を生ずるおそれがあり、代執行等がなされないことで「重大な損害があるもの」として、請求が認容された裁判例（福岡高判平成23・2・7判時2122号47頁、上告不受理決定・最決平成24・7・3LEX/DB文献番号25482345）がある。

　ただし、認容のケースはまれである。例えば、駐車場所有者が隣接地に建築基準法65条違反の建築物を建設されるとして、建築基準法9条1項に基づく除却命令の義務付けを市長に求めたのに対し、原告適格があることを前提にそもそも建築基準法令の規定に違反する建築物ではないとして請求が棄却された裁判例（大阪高判平成30・10・25裁判所HP）がある。このほか、斜面地とその周辺に係る開発行為に関する宅地造成工事について、都市計画法81条1項に基づき市長が工事業者等に対し斜面の崩壊防止に必要な工事を命ずる等を斜面地に隣接する不動産の所有者が求める義務付け訴訟が棄却された裁判例（神戸地判平成31・4・16判タ1468号93頁）がある。

3　差止訴訟の基本

　⑴　訴訟要件

　差止訴訟は、義務付け訴訟のように類型があるわけではない。差止訴訟の要件も、義務付け訴訟のうち非申請型と同様、①重大な損害を生じるお

それがあること（**重損要件**）及び②その損害を避けるため他に適当な方法がないこと（**補充性要件**）が非申請型には求められる（37条の4第1項）。また、裁量権の逸脱濫用があるかといった要件は差止訴訟にも存在する（**本案勝訴要件**の一つ）。

⑵　公的義務の不存在確認との関係

　原告から公的義務の不存在確認を求める訴訟が提起された場合、それを法定外抗告訴訟（無名抗告訴訟）（**第4章**）として訴えの却下を主張することは、判例の傾向に照らせば認められない。例えば、後述の**基本判例2－16**最判平成24・2・9民集66巻2号183頁［**国歌斉唱義務不存在確認等訴訟**］では、都教職員に対する国旗掲揚・国歌斉唱等の義務を規定した通達を受け、教育委員会から出される蓋然性のある職務命令に従う義務の不存在確認請求について、原告側はこれを法定外抗告訴訟（無名抗告訴訟）として主張していたが、裁判所は目的が同様として差止訴訟と善解した（類似の判例として最判令和元・7・22民集73巻3号245頁）。

第 9 章　仮の救済の基本論点

行政事件訴訟法は、権利の保全を図るための仮の救済制度として、執行停止、仮の義務付け、仮の差止めが設けられていることから、それらに関する基本論点を取り上げる。

1　仮の救済の意義

特　徴　仮の救済は、訴訟の提起によって解決する前に権利を一時的に保全するためのものであり、そうしなければ権利が確定してしまうために不利益を被る者によって用いられる手段である。民事訴訟では、民事保全法によってこのことが可能となるが、行政事件訴訟法44条では「行政庁の処分その他公権力の行使に当たる行為」については仮処分の申立てはできないとされ、その代わりの制度になる。

> **行政事件訴訟法 44 条**
> 行政庁の処分その他公権力の行使に当たる行為については、民事保全法（平成元年法律第 91 号）に規定する仮処分をすることができない。

　仮の救済制度は、本案訴訟（取消訴訟等）において勝訴する見込みがあるとき（これを「理由があるとみえるとき」と規定する）に申し立てられる仕組みとなっており（ 第4章 参照）、行政事件訴訟法は①取消訴訟には執行停止、②義務付け訴訟（申請型・非申請型問わず）には仮の義務付け、③差止訴訟には仮の差止めの三つを設ける。

争訟法務の観点　**申立てが認容された段階で事実上本案の勝敗が決せられる可能性は高いと認識する必要がある。**すなわち、本案となる訴訟本体と一体的に仮の救済が申し立てられ認容されれば、訴訟も連動して認容される可能性は十分ありうる。

2　執行停止の基本論点

⑴　要件の基本概念

取消訴訟に対する仮の救済制度が、執行停止である（25条）。執行停止

は処分の効力等を妨げるものではない（**執行不停止の原則**）。

　執行停止となるには「重大な損害を避けるため緊急の必要」であり、回復困難の程度が考慮されることから（2・3項）、仮の義務付けや仮の差止めのように執行停止の場合よりもハードルの高い「償うことのできない損害を避けるため緊急の必要」（37条の5第1・2項）という要件となっている点は、注意を要する。

　(2)　事例傾向

マンション事例　　　　マンション建設予定地に隣接する建物を所有・居住する申立人が、そのマンションに対する建築主事の建築確認処分に係る執行停止を申し立てた事例において、建築物の工事が完了すると訴えの利益が失われることから、倒壊、炎上等により申立人の自己の生命、財産等の損害を被ることを防止できなくなるとして認容された決定例（東京高決平成21・2・6判自327号81頁及び抗告審・最決平成21・7・2判自327号79頁）がある。

議会関係事例　　　　村議会が地方自治法92条の2の規定に該当するものとして議員の失職決定を行ったことに対する執行停止申立事例において、補欠選挙が行われ異議を申し出ていない以上、申立ての利益は消滅するとの事案処理を行った　基本判例2─15　**最決平成29・12・19判時2375・2376号176頁**がある（議員報酬の請求について決定の取消訴訟に関する狭義の訴えの利益は認めている）。

　なお、町議会議員の除名処分に係る執行停止申立事例もみられる（最決平成11・1・11判時1235号1頁）。

基本判例2─15

最決平成29・12・19判時2375・2376号176頁
【事実の概要】　村議会議員である相手方X（申立人）は、村議会において地方自治法92条の2の規定に該当する旨を同法127条1項に基づき平成28年7月14日に決定したため、失職したものとされた。これを受けてXは決定に不服があるとして北海道知事に審査を申し出、棄却の裁決を受けたため、決定の取消訴訟とあわせ本案判決確定までの間、当該決定の効力を停止することを求める申立てを行った。

　これに対し、平成29年3月23日に、当該決定の効力を本案の第1審判決言渡し後の30日を経過するまで停止する旨決定された（原々決定・札幌地決平成29・3・23判時2359号8頁）。しかし、平成29年3月26日にXの失職

に伴う補欠選挙が行われた結果、X 以外の者が当選したが、X は当選の効力に対し公職選挙法 202 条 1 項又は 206 条 1 項所定の期間内に異議の申出はなされなかった。

【判旨】破棄自判　「相手方は、本件補欠選挙について、原々決定がされたことにより留寿都村議会の議員に欠員が生じていないこととなったにもかかわらず行われた無効なものであるとして、異議の申出をすることができたというべきである。しかし、上記期間内に異議の申出はされなかったというのであるから、本件補欠選挙及び同選挙における当選の効力は、もはやこれを争い得ないこととなり、このことと、相手方が本件決定を取り消す旨の判決を得ることによって上記議員の地位を回復し得るとすることとは、相容れないものというほかない。」

【ポイント】　①執行停止申立ての利益は失職後にも残されるか？②取消訴訟についてはどうか？

3　仮の義務付けの基本論点

⑴　要件の基本概念

　義務付け訴訟に対する仮の救済制度が、仮の義務付けである（37 条の 5 第 1 項）。「償うことのできない損害を避けるため緊急の必要」を要件とするため、その時でなければ救済が不可能な損害が念頭に置かれている。このような要件に該当し得る事例も、積み重ねを通じて解釈が固まる傾向にあるといってよい。

⑵　事例傾向①──生命・身体に関する利益レベル

　「償うことのできない損害」要件は、**生命・身体に関わる利益といった、金銭賠償によって代替が効かない損害を指すのが原則**と考えるのが、執行停止の事例との違いといえる（ただしそうではないという見方もある→⑶）。

　　就学前児童事例　　心身に障害のある就学前児童が普通保育園の通園に関する承諾処分を求める仮の義務付けの申立てに対し、「義務付けの訴えに係る処分又は裁決がされないことによって被る損害が、原状回復ないし金銭賠償による填補が不能であるか、又は社会通念上相当に困難であるとみられる程度に達していて、そのような損害の発生が切迫しており、社会通念上、これを避けなければならない緊急の必要性が存在すること」としたうえで、当該児童に入園を許可する処分をしなければ、保育を受ける機会を損失するとする損害はこれに該当すると解し

た決定例（東京地決平成18・1・25判時1931号10頁［児童保育所入園仮の義務付け］）がある。

養護学校事例　肢体不自由者が就学すべき中学校を指定するよう町教育委員会に対し求めた仮の義務付けにおいて、養護学校への就学が義務教育を受ける機会として十分であるとの見解に立ち、申立てを棄却した裁判例（奈良地決平成21・6・26判自328号21頁）がある。

(3)　事例傾向②――金銭賠償レベル

生命・身体に対する損害以外の金銭賠償のレベルにまで判断を拡大するものがみられるのも事実である。

タクシー運賃事例　タクシーの自動認可運賃を下回る運賃額での認可を求める仮の義務付けである決定例（名古屋地決平成22・11・8判タ13158号94頁）では、「事後的な金銭賠償では回復困難である場合のみならず、金銭賠償による救済では損害の回復として社会通念上不相当な場合であって、そのような損害の発生が切迫している状況にあることをいうもの」と判示している*。

と畜場設置許可取消処分事例　と畜場設置許可の取消処分の執行停止申立てが認容されたことを受け、その申立人がと畜場法14条に基づく市長による「検査」を求めた仮の義務付けにおいて、「検査」（処分性を肯定）がなされなければ、当該と畜場を利用してきた申立人や組合員にとってと畜による収入が得られず存立自体が危機に瀕することなどを理由として申立てを認容した決定例（東京地決平成24・10・23判時2184号23頁）がある。

4　仮の差止めの基本論点

(1)　要件の基本概念

差止訴訟に対する仮の救済制度が、仮の差止めである（37条の5第2項）。仮の義務付けと同様、「償うことのできない損害を避けるため緊急の必要」を要件とするため、その時でなければ救済不可能な損害が念頭に置かれており、生命・身体に関わる利益といった金銭賠償によって代替が効かない損害を指すのが原則と理解できる。

ただし、自ら利益を得る処分を求める仮の義務付けとは異なり、当該処分により不利益を得る可能性のある場合の求めが仮の差止めであるので、

*同様の判断基準が示された決定例（和歌山地決平成23・9・26判タ1372号92頁）がある。ただし抗告申立てにおいて原決定却下（大阪高決平成23・11・21裁判所HP）。

事例の種類は異なっている。

　⑵　事　例　傾　向

　仮の差止めの事例傾向をとらえる場合、二面関係か三面関係によって分けることが適切である

二面関係（タクシー運賃事例）　金銭賠償のレベルをめぐる判断が問題となる。タクシー運賃が指定された運賃幅（公定幅運賃）の範囲内にないことを理由に、「特定地域及び準特定地域における一般乗用旅客自動車運送事業の適正化及び活性化に関する特別措置法」に基づき仮に事業許可取消処分を受ければ、タクシー事業の遂行が全く不可能になり多大な経済的損害を被るおそれがあるといえること、執行停止決定受けても実効的な救済を受けられないことから申立てが認容された決定例（大阪地決平成 26・7・29 判時 2256 号 3 頁、大阪地決平成 26・5・23 裁判所 HP とその抗告審・大阪高決平成 27・1・7 判時 2264 号 36 頁）がある。

三面関係①（リサイクルセンター事例）　産業廃棄物の中間処理施設（リサイクルセンター）設置許可について近隣住民が仮の差止めを申し立てた事例において、産業廃棄物が適正に処理されなかった場合に生じる粉じんの飛散、汚水の流出及び地下への浸透、騒音及び振動等が申立人らの生命、健康を著しく害するような性質のものであるとまでは認め難いとして申立てを却下した決定例（大阪地決平成 17・7・25 判タ 1221 号 260 頁）がある。

三面関係②（パチンコ店事例）　府公安委員会に対するパチンコ店からの営業許可の申請に際し、許可されることで善良で静音な環境の下で円滑に診療所の業務を運営するとの法律上の利益が侵害されると主張する周辺の歯科診療所経営者が申し立てた仮の差止めの申立てに対し、「本件診療所の運営基盤に金銭賠償によっては償い得ないほどの深刻な影響を及ぼすおそれがあることを窺わせるに足る疎明もない」と判示した決定例（大阪地決平成 18・8・10 判タ 1224 号 236 頁）がある。

三面関係③（その他）　景観利益を主張する申立人に対し、埋立免許がなされると直ちに取消訴訟に変更したうえで執行停止の申立てをして諾否の決定を受けることが十分可能であることをもって、緊急の必要性を否定した決定例（広島地決平成 20・2・29 判時 2045 号 98 頁）がある（「良好な景観の恵沢を享受する利益」との関係について 第 6 章 ）。

第 10 章　当事者訴訟の基本論点と基本事例

> 当事者訴訟について、形式的当事者訴訟と並び利用が顕著である公法上の当事者訴訟（確認訴訟）をめぐる基本論点について、争訟法務の観点から取り上げるとともに、事例傾向を概観する。

1　当事者訴訟の意義

　当事者訴訟は、民事訴訟の対象となる財産上の権利や生命・身体に関わる利益を争うことが想定される。しかし、**公の利益については民事訴訟で争うことが望ましくない場合がある**と考えられるため、行政事件訴訟法において規定される。

行政事件訴訟法 4 条
この法律において「当事者訴訟」とは、当事者間の法律関係を確認し又は形成する処分又は裁決に関する訴訟で法令の規定によりその法律関係の当事者の一方を被告とするもの及び公法上の法律関係に関する確認の訴えその他の公法上の法律関係に関する訴訟をいう。

　行政事件訴訟法 4 条は、当事者訴訟として①法定される訴訟として形式的に決まるもの（**形式的当事者訴訟**）と②その性質に応じて実質的に決まるもの（**実質的当事者訴訟**）の二つがあることを規定する。

2　形式的当事者訴訟

⑴　具 体 例

　形式的当事者訴訟は、法定される当事者訴訟であり、損失補償に関する訴訟が典型例である。これにも複数あるが、土地収用法 133 条の規定にある損失補償請求訴訟が顕著と思われる。この訴訟が有用と解される所以は次のとおりである。

　土地収用に係る補償額にのみ不満がある場合、この訴訟が準備されていなければ、収用裁決の取消しを求めたうえで（公定力排除の必要性）補償の増額を請求することになるが、それだと収用裁決自体が取り消されるため、当初の目的を達成できない。このため、裁決の効力は維持しつつ民事

訴訟で争うべき補償の部分のみの請求が可能とするものである。

(2)　事 例 傾 向

| 損失補償事例 | |

損失補償額について判例（最判平成 9・1・28 民集 51 巻 1 号 147 頁）では、「収用委員会の補償に関する認定判断に裁量権の逸脱濫用があるかどうかを審理判断するものではなく、証拠に基づき裁決時点における正当な補償額を客観的に認定し、裁決に定められた補償額が右認定額と異なるときは、裁決に定められた補償額を違法とし、正当な補償額を確定すべき」とする判断基準を明示する。

| 土地収用法 133 条事例 | |

争われる範囲が問題となった判例（最判平成 24・12・25 判時 2208 号 3 頁 [徳島県土地収用委員会裁決取消請求事件]）では、収用委員会の裁決における補償額の部分をめぐる争いであり、そうではない他の裁決における部分は裁決の取消訴訟において争うことができるとした。

　なお、訴訟手段として用いた裁判例は、多数みられる。例えば、都市計画事業関連（東京地判平成 27・1・22 判タ 1414 号 274 頁、東京地判平成 31・2・5 判自 460 号 77 頁）、権利取得裁決・明渡裁決（東京地判平成 28・5・19 判自 421 号 72 頁、東京高判令和元・10・30 判自 459 号 52 頁）をあげておく。

3　実質的当事者訴訟①──公法上の当事者訴訟（確認訴訟）

(1)　確認訴訟の意義

| 訴訟の種類 | |

行政事件訴訟法は、①公法上の法律関係に関する確認の訴え（確認訴訟）及び②その他の公法上の法律関係に関する訴訟（→ 4）の二つがある。このうち、公法上の当事者訴訟（確認訴訟）の活用が顕著な傾向にあるが、この背景には、「確認の利益」があると構成できれば（明文規定がないことで柔軟に理解できる）、抗告訴訟のルートに乗せず容易に目的が達成可能となり得ることがある。逆に被告側から見れば、請求却下を目指す手法はこの場合には取ることができず、**むしろ、主張の対象として問題となる行為について、法治主義の観点から適切に行われた点を主張できるよう準備しておく必要がある。**

| 「確認の利益」 | |

「確認の利益」は確認訴訟の一つの要件とされているが、行政事件訴訟法などで明記されているわけではない。したがって、確認の対象となるのは事例傾向を見ておく必要がある。①法

律上成立しうる権利や地位、義務を確認すること（権利・地位は最判平成17・9・14民集59巻7号2087頁［在外国民選挙権訴訟]）、②確認することで**その後に処分以外の不利益を受ける蓋然性**があること（例、刑事罰等を受ける蓋然性）が、「確認の利益」を肯定しやすい場合と思われる（不利益処分を受ける蓋然性があれば差止訴訟を選択することになる）。

(2)　事例傾向

確認訴訟の利用が高まる原因に、処分がなされていることを前提としない点がある一方、不利益処分に対する差止訴訟と機能的に類似する面がある（第8章）。ただし、確認訴訟においてどのような構成がとられるかは原告の主張によるため、事例の積み重ねによって成立要件が固まってくるように思われる。このあたりが明確になった事例として、都教職員に対する国旗掲揚・国歌斉唱等の義務を規定した通達が教育委員会から出された段階で、自ら受ける可能性のある職務命令に従う義務がない旨の確認請求事例である 基本判例 2—16 **最判平成24・2・9民集66巻2号183頁［国歌斉唱義務不存在確認等訴訟]**は、通達に照らし処遇上の不利益が累積的に加重していく点を踏まえ、「確認の利益」を認めたことが大きい。

基本判例 2—16

最判平成24・2・9民集66巻2号183頁（国歌斉唱義務不存在確認等訴訟）
【事実の概要】　Y（被告、上告人、東京都）の教育委員会教育長の名前で平成15年10月23日、都立学校各校長に「入学式。卒業式等における国旗掲揚及び国歌斉唱の実施について（通達）」を発し、これに従わない場合には服務上の責任を問われることなどを周知した。

　これに対し、都立高校・特別支援学校の教職員として勤務する在職者又は退職者であるXら（原告、上告人）は、国旗に向かって起立し国歌を斉唱すること、国歌斉唱の際にピアノ伴奏をすることを強制されるのは、思想良心の自由等を侵害するとし、所属校の卒業式や入学式等の式典における国歌斉唱の際に国旗に向かって起立し斉唱する義務がなくピアノの伴奏をする義務のないことの確認のほか、職務命令に基づく義務の不存在確認と職務命令に従わないことに基づく懲戒処分の差止め等を求めた。

【判旨】上告棄却　「本件通達を踏まえて処遇上の不利益が反復継続的かつ累積加重的に発生し拡大する危険が現に存在する状況の下では、毎年度2回以上の各式典を契機として上記のように処遇上の不利益が反復継続的かつ累積加重的に発生し拡大していくと事後的な損害の回復が著しく困難になることを考慮すると、……行政処分以外の処遇上の不利益の予防を目的とする公法上の法律関係に関する確認の訴えとしては、その目的に即した有効適切な争

訟方法であるということができ、確認の利益を肯定することができる」。ただし、「本件職務命令が違憲無効であってこれに基づく公的義務が不存在であるとはいえないから、上記訴えに係る請求は理由がない」。

【ポイント】　「確認の利益」がなぜＸらに対し認められたのか？

4　実質的当事者訴訟②——その他

　もう一つの実質的当事者訴訟である「その他の公法上の法律関係に関する訴訟」には、典型例として、課税処分の無効を前提とする過誤納金不当利得返還請求があるほか、公務員に対する免職処分の無効を前提とした身分確認・俸給請求があげられる＊。

＊塩野・行政法Ⅱ237・274頁参照

行政訴訟の審理の考え方

> 民事訴訟とは異なり、行政訴訟の審理には被告が公権力の行使を可とすることに伴い、訴訟上原告にとって訴訟手続が公平となるような特徴的仕組みが存する。ここではこれらの考え方と制度を概観する。

1　行政訴訟の審理の特徴

　行政訴訟が民事訴訟と大きく異なる点は、訴訟の審理の在り方にもみられる。具体的には、行政救済制度の観点から訴訟手続において、原告（市民）の利益を保護する工夫がなされている。

2　弁論主義・職権証拠調べ・釈明処分の特則

⑴　弁論主義の意義
　弁論主義は、裁判所は当事者の主張しない事実を取り上げない、自ら証拠を収集しないということを意味する*。行政訴訟も民事訴訟と同様に**弁論主義**がとられると考えられる。

⑵　職権証拠調べ
　行政事件訴訟法は、裁判官が職権で証拠調べを行うことができるとする（24条）。これを「職権証拠調べ」と称し、あくまで当事者の主張について争いがある場合に行われるものという前提がある。この意味から、職権証拠調べは弁論主義の範疇に含まれる。

　これに対し、当事者の主張していない事実を裁判官が職権で調べることが可能であること（職権探知主義）について、明文規定がない以上、認められないと解するのが通説的見解とされる。この点は、審査請求における審理方法とは異なる点である（審査請求の審理方法については 第2章 参照）。

⑶　釈明処分の特則
　釈明処分とは、裁判官が訴訟関係を明瞭にするために行う処分を指し、民事訴訟法では、当事者の所有する証拠書類等を提出させることなどを指す（151条1項各号）。これに対し、行政事件訴訟法は釈明処分について特則を設け、処分等の内容や根拠となる法令の条項、原因となる事実や理由

*塩野・行政法Ⅱ158頁は、弁論主義を「裁判の基礎となる資料の収集が当事者の権能であり、かつこれを責任とすること」と定義し、この意味と理解する。

を明らかにする行政庁の保有資料の全部または一部の提出を求めたりする
ことができるとしている（23 条の 2 第 1 項）。審査請求に係る資料につい
てもこれを可としている（同条 2 項）。

　争訟法務に照らせば、原告が取消訴訟等を提起している場合、訴訟審理
が進展するにつれ、釈明処分が裁判官によって行使される可能性が高まる
ことは想定されよう。

3　立証責任

　当事者の主張する事実が証拠によってその存否を確定できない場合、裁
判官が証拠調べをしても事実が立証できないと一方の当事者が不利になる
という責任を立証責任と呼ぶ。そこで、取消訴訟の立証責任をいずれの当
事者に分配するかは、学説が分かれている。争訟法務の観点から、**民事訴
訟と同様に法律要件分類説***によるべきとする考え方が基軸とされること
は重要である。

　ただし、原告側の立場に立てば、生活保護申請拒否処分の取消訴訟のよ
うに、原告側にのみ立証責任を負わせることは妥当でないという考え方の
下、行政庁の調査義務の観点から被告に立証責任があるという説もあるこ
とに、注意を要する。

* 自己に有
利な事実を
主張する場
合は、権利
の主張者が
立証責任を
負うこと、
などといっ
た説である。

第3部　自治体賠償・補償請求訴訟

第12章　賠償・補償請求訴訟の基本構造

> 市民から金銭的な賠償・補償を求めることが予想されるが、これについても
> 様々な内容・やり方などが考えられる。ここでは争訟法務上、特に重要と考
> えられる国家賠償と損失補償の二つの基本構造について、取り上げる。

1　自治体賠償請求訴訟 ─ 国家賠償法の意義

⑴　憲法との関係

　国家賠償法は、国・自治体が被告となる損害賠償請求に関する根拠法で
ある。通常、損害を被った私人が加害者である相手方私人を被告として損
害賠償を請求する場合、民法709条が根拠となる。これに対し、**国や自治
体が被告となる場合は国家賠償法が根拠となる**。実務上、民法を用いて自
治体等に損害賠償を請求することも可能であるが、わざわざ国家賠償法が
制定されているのは、憲法の規定に由来するからである（17条）。

> **憲法17条**
> 何人も、公務員の不法行為により、損害を受けたときは、法律の定めるとこ
> ろにより、国又は公共団体に、その賠償を求めることができる。

⑵　事例の特徴

　国家賠償法が用いられる事例を挙げるとしても、被害を受ける側の認識
によって様々なケースが想定される。日常事例から生ずる事例として、公
務員から受けたなにがしかの被害に対する慰謝料等請求は、事例として多
数を占める。例えば、公立小学校教諭が教育指導の一環として児童に接し
た態度が威圧的であったことを理由に親族から慰謝料請求が提起された事
例において、最高裁は、学校教育法11条但書にいう体罰の該当性を検討し、
法的根拠に照らし教育的指導の範囲を逸脱しないものと解して請求を棄却

した（最判平成21・4・28民集63巻4号904頁）。

　この判例に限らないが、国家賠償法では、**損害賠償を根拠付けるうえで公務員の行為を根拠づける規定に違背があるか**（例、法的に導かれる注意義務違反等）が重要な判断要素となる点に注意を要する（詳細は 第13章 ）。

　⑶　二種類の責任──争訟法務の視点から

　国家賠償法は、①公務員の違法な行為が過失による場合（1条1項）及び②施設の設置管理に瑕疵（かし）がある場合（2条1項）の二つにおいて、国・公共団体が賠償責任を負うというものである（それぞれは 第13章 ・ 第14章 ）。そして、**国家賠償法には救済機能以外に違法行為の是正機能がある**とされるが、これら二つの面において、賠償請求が提起された後における争訟法務の在り方に違いがあるように思われる。すなわち、公務員の違法な行為については、訴訟が提起されることで、公務員個人の行動をはじめとして、違法性を是正する**個別的な**フィードバックが期待される。これに対し、施設の設置管理の瑕疵は、本来あってはならず、できるだけ未然防止が求められるため、瑕疵の容認があったか否かに関わらず、**組織的な**フィードバックが求められるといえるだろう。

2　自治体補償請求訴訟──損失補償の意義

| 損失補償の考え方 |

　道路その他公共の利益のために施設等の建設を行う際、私有地が買収される場合には私人の財産権を侵害することから、「正当な補償」を対価として補償するというものである。これも、憲法の規定に由来するものである（29条3項）。

憲法29条3項
私有財産は、正当な補償の下に、これを公共のために用ひることができる。

　国家賠償法と根本的に異なるのは、**損失補償の対象が違法な行政活動を前提としない点**である。また、憲法は損失補償のために特別の法律を制定することは予定していないため、個別法の規定（例、土地収用法）によるのが一般的である。そして、その場合の訴訟形式は、当事者訴訟になると考えられる（ 第10章 ）。

| 損失補償が求められる場合 |

　仮に根拠法がなかったとしても、直接憲法の規定を根拠とすることが可能とされ

るが（直接請求権説）、むしろ、いかなる場合に損失補償請求が認められるかが問題となる。財産権の侵害が適法と解される全ての場合ではもちろんなく、**「特別の犠牲」**がある場合等に限定される。例えば、健全な水循環を保全するため町条例によって認定を受けた岩石採取業者が事業の継続ができなくなったことで損失補償を求めた件において、判例（最判令和4・1・25判自485号49頁）では事業の規制自体が憲法22条1項に反しないとする一方、下級審（仙台高判令和2・12・15判自485号69頁）では損失補償請求の一部が認容された。

　なお、**政策補償として自治体が積極的に損失補償を提供する場合もある。**しかし、市が経営していたと畜場の廃止に伴い利用業者に対して市が支出した支援金の違法性が問題とされた住民訴訟において、施設の新設が困難であるためにやむを得なく廃止されたため、住民の「特別の犠牲」には当たらず、損失補償金の支出として違法であるとする判例（最判平成22・2・23判時2076号40頁）がある。

3　その他——自治体による賠償等請求

　国家賠償法や損失補償の事例は、自治体が被告となって市民から請求を受ける場合を想定している。これに対し、自治体が原告となって金銭的な請求を行う場合も、もちろん考えられる。

　例えば、入札談合を行った企業によって損害を被ったと主張する自治体が、当該企業を相手に損害賠償を請求する場合がある。しかし、このような訴訟は可能であっても、実際に提起されるとは限らない（様々な要因が考えられるが、損害の程度、企業との付合いや訴訟提起を議決する議会の反応といった政治的要因なども考えられる）。このため、原告住民が被害を被った自治体を被告に、当該企業を相手に賠償請求をするよう裁判所に求める住民訴訟を提起すること（第17章）が多々見られる。なお、住民訴訟が利用されるケースは、不当利得返還請求についてもいえる。

　このように、市民側は自治体を被告として金銭請求を行う多様な手段を持っているため、争訟法務の観点からは、それぞれ請求の特徴を見極めることが重要である。

第13章　国家賠償法の基本論点・事例①
── 公務員の違法な行為

> 国家賠償法における要件のうち、公務員の違法な行為に伴う基本論点について、事例傾向を念頭に、規制権限が行使される一般的場合のほか、規制権限の不行使、責任の所在、そして求償権の行使といった基本論点を取り上げる。

1　公務員の違法な行為①──様々な違法性

⑴　基　本

「公権力の行使」とは？　　国家賠償法の事例として圧倒的に多いのは、**公務員が違法な「公権力の行使」を行ったこ**とに起因する損害賠償請求である（1条1項）。この「公権力の行使」とは、例えば公務員個人が私人として不法行為を行ったことは含まず、公務員の職務としての行為を通じて市民に違法に損害を加えたと考えられる行為を指す。

> **国家賠償法1条1項**
> 国又は公共団体の公権力の行使に当る公務員が、その職務を行うについて、故意又は過失によって違法に他人に損害を加えたときは、国又は公共団体が、これを賠償する責に任ずる。

違法性（国賠違法）　　国家賠償法における違法を「国賠違法」と呼ぶが、どのような場合に認定されるか否かが問題となる。例えば、①違法な営業不許可処分（**処分違法**）に伴い店に与えた損害といった違法な規制権限の行使による場合、②課外活動（部活動）の顧問による生徒に対する安全配慮義務違反に起因して生じた生徒の後遺症といった学校教育法等により期待された一定の義務を果たさなかったこと（**義務違背**）による場合といったように、事例によりさまざまである。

故意・過失　　国家賠償法1条1項では、公務員に故意又は過失があることも成立要件とされている。もちろん、事例によって認定されやすい場合もあるが、求められる職務行為の基準に違背するこ

とによって違法性が認定されると、過失要件と一体的に論じられることがある。

　ただし、違法な処分を理由とした損害賠償請求事案において、処分の違法性と過失要件の部分は切り離して判断すべきという主張もある（→(2)）。

　(2)　事例傾向①——取消訴訟との関係

| 特　徴 |

　公務員の行為が不利益処分等に該当する場合、その相手方である私人は、行政不服審査法や行政事件訴訟法に基づき処分の取消しを求めることが考えられる。これに対し、処分が行政不服審査法・行政事件訴訟法に基づき取り消されていなくとも、いきなり不利益処分の違法を原因として損害賠償請求を提起することの可否が問題とされることがある*。

| 名古屋市固定資産税事件 |

　行政不服審査法に基づき課税処分の取消しを受けることなく、過誤納金の損害賠償請求は可能とする見解を示している 基本判例 3—1 最判平成 22・6・3 民集 64 巻 4 号 1010 頁［名古屋市固定資産税事件］がリーディングケースである。この場合、被告側は原告側に手続的瑕疵があったとして、そもそも訴訟要件を満たさないと主張することが考えられる。しかし、この判例から、原告が損害賠償を請求する以上、過誤納金に対応した公務員の過失責任が問われることになることに注意したい。

基本判例 3—1

最判平成 22・6・3 民集 64 巻 4 号 1010 頁［名古屋市固定資産税事件］
【事実の概要】　X（原告、上告人）は、所有していた倉庫について昭和 62 年度から平成 13 年度までの賦課決定の前提となる価格決定に基づき、固定資産税等を納税してきた。その後、平成 18 年 5 月 26 日付けで、名古屋市長港区長から X に対し、当該倉庫は「冷凍倉庫等」に該当するとして、平成 14 年度から平成 18 年度までの登録価格を修正通知し、減額更生を行ったことで 389 万 9,000 円が還付された。

　しかし、昭和 62 年から平成 13 年度までの価格決定には評価に誤りがあるため違法があり過失が認められるとして、X は不服申立てを経由せず Y（被告、被上告人、名古屋市）に対し国家賠償法 1 条 1 項に基づく各年度に係る固定資産税等の過誤納金等の損害賠償を請求した。
【判旨】破棄差戻　「たとい固定資産の価格の決定及びこれに基づく固定資産税等の賦課決定に無効事由が認められない場合であっても、公務員が納税者に対する職務上の法的義務に違背して当該固定資産の価格ないし固定資産税

等の税額を過大に決定したときは、これによって損害を被った当該納税者は、地方税法432条1項本文に基づく審査の申出及び同法434条1項に基づく取消訴訟等の手続を経るまでもなく、国家賠償請求を行い得る。」
【ポイント】　課税処分の取消しを求めることなく固定資産税の過誤納金相当額の国家賠償法上の損害賠償請求がなぜ認められるか？

(3)　事例傾向②——施設使用関係

| 特　徴 |

自治体施設の使用許可を受けられなかった者が、損害賠償を請求した事例も顕著である。これらは、自治体側が予定された集会への抗議活動を懸念する事情がある場合に使用許可の取消しが行われるのが一般的であり、その一方で原告側は憲法上の権利である表現の自由の侵害を根拠とした主張が展開される。

| 学校施設事例 |

中学校体育館等の学校施設を研究集会のために使用したい旨の申出に対し市教育委員会から拒否されたことにつき、集会に仮に妨害行動がされても生徒に対する影響は間接的なものにとどまる可能性があることなどから、重視すべきでない考慮要素を重視するなどしたことで社会通念に照らし著しく妥当性を欠いたものとした判例（最判平成18・2・7民集60巻2号401頁［広島教職員組合事件］）がある。

| 公会堂・市庁舎前広場事例 |

下級審事例として、日比谷公会堂の使用許可を指定管理者に取り消させた被告東京都担当者の職務上の義務違反を認定し、損害賠償請求を認容した裁判例（東京地判平成21・3・24判時2046号20頁）がある。これと類似の事例として、金沢市庁舎前広場での集会開催を目的に原告が使用許可を申請したことに対し、市庁舎管理規則に定める禁止行為に該当することから不許可処分としたことが職務上の義務違反であるとの原告側の主張が否定された裁判例（金沢地判令和2・9・18判時2465・2466号合併号25頁、控訴審・名古屋高金沢支判令和3・9・8判時2510号6頁）がある。

　これらの事例では、庁舎の使用許可の妥当性が判断されるが、集会を希望する団体に対し担当職員により庁舎管理規則に照らして職務上適切に義務が果たされているかといった**個別の申請案件の処理方法を確認しておく**ことが必要となる。

(4) 事例傾向③──学校関係

特　徴 公立学校の教員による指導の一環と関連した事例が、多数見られる。

教育指導事例 指導に関する事例として、プールの飛込指導において事故発生を防止するための注意義務違反を認定した判例（最判昭和62・2・6判時1232号100頁［横浜プール事件］）がある。

なお、市立中学校教諭による生徒への体罰が違法として県が賠償した場合、当該市に対し国家賠償法3条2項に基づく求償権を行使できるとする判例（最判平成21・10・23民集63巻8号1849頁）があるように、求償権の行使の有無が問題となる（求償権の行使については→4）。

教員勤務実態事例 小中学校教諭の時間外勤務について、勤務時間外に職務関連事務に従事していたといっても、勤務校の各校長が職務の負担を軽減させる特段の措置をとらなかったことが注意義務に違反し過失があったことにはならないとした判例（最判平成23・7・12判時2130号139頁）がある。

児童避難誘導事例（大川小学校事件） 東日本大震災後の津波により小学校在学中の児童と教職員が死亡した事故について、児童らの避難誘導に過失があったことを認めた裁判例（仙台地判平成28・10・26判時2387号81頁、仙台高判平成30・4・26判時2387号31頁［大川小学校事件］）がある。

(5) 事例傾向④──その他

特　徴 損害賠償請求の対象である「公権力の行使」に当たる行為は特段定義されないため、原告側の様々な主張がみられる。

出店阻止 市が条例改正によって隣接建物に図書館分館を設置したことでパチンコ店の出店が不可能になったことで、条例改正が出店阻止を目的としたもので違法として請求が認容された裁判例（東京地判平成25・7・19判自386号46頁）、建物の建築目的で取得した町内の土地が改正県条例により建築不可能になったことで、町職員が条例改正をあらかじめ告知すべき義務があったとは言えないとされた裁判例（東京地判平成25・3・11判タ1394号152頁）がある。

議会事例 市議会議員に対する議会運営委員会による厳重注意処分決定及び議長の公表により名誉毀損があったとして、国家

賠償法1条1項に基づく慰謝料請求があった件につき、議会の内部規律の問題にとどまり違法な公権力の行使に当たるとは言えないとされた判例（最判平成31・2・14民集73巻2号123頁）がある（議会の自律性について政務活動費の件は 第19章 ）。

2　公務員の違法な行為②──規制権限が不行使の場合

⑴　基　　本

「公権力の行使」は公務員の積極的な行為（作為）以外に、何もしないこと（不作為）に起因して市民に損害を与えた場合（**規制権限の不行使**）には損害賠償請求の対象となる。国家賠償法上、不作為が違法である場合、すなわち作為義務に違反する（義務違反）場合を指す。法律・条例の規定が作為を義務化していれば（例、「〇〇しなければならない」）、不作為は当然違法と考えられる。これに対し、作為の有無が行政庁の裁量にゆだねられていると解されれば、不作為は必ずしも違法ではないが、規制権限は市民の利益に沿ってこそ存在意義があるため、それが行使されない不作為状態を積極的に違法と解する余地が出てくる。このあたりは、法律の条文によって即明らかになるものではなく、個別に判断していく必要がある。

⑵　事例傾向

京都宅建業事件

「規制権限の不行使」にかかわる事例として、宅地建物取引業者に対する規制当局の権限不行使に伴い損害を受けたと主張された事例において、最高裁が「監督処分権限が付与された趣旨・目的に照らし、その不行使が著しく不合理と認められるときでない限り、右権限の不行使は、当該取引関係者に対する関係で国家賠償法1条1項の適用上違法の評価を受けるものではない」とする判断基準を示した 基本判例3─2 最判平成元・11・24民集43巻10号1169頁［京都宅建業事件］をおさえておく必要がある。いわゆる**裁量権消極的濫用論と呼ばれる判断基準**であり、「著しく不合理でない限り」とされることで違法性が認められるハードルは高い。

薬害・公害事例

「規制権限の不行使」に係る諸事例は、裁量権消極的濫用論をベースにする傾向にあるといってよい。事例として、薬害（最判平成7・6・23民集49巻6号1600頁［クロロキン訴訟]）、公害（最判平成16・4・27民集58巻4号1032頁［筑豊じん肺訴訟]、最判平成

26・10・9 民集 68 巻 8 号 799 頁［大阪泉南アスベスト訴訟］）にまつわる諸事例が見られる。建材メーカーが販売した石綿含有建材（アスベスト）の販売に関連した一連の判例（いわゆる建設アスベスト訴訟）のうち、この裁量権消極的濫用論を用いた判例（最判令和 3・5・17 民集 75 巻 5 号 1359 頁〔積極〕、最判令和 3・5・17 判時 2500 号 49 頁〔差戻し〕、最判令和 3・5・17 判時 2498 号 52 頁〔消極〕）も同様である。

基本判例 3—2

最判平成元・11・24 民集 43 巻 10 号 1169 頁［京都宅建業事件］

【事実の概要】　A は Y（被告、被上告人、京都府）知事から宅建業者の免許（以下、「本件免許」という）を付与され更新を受けたものの、多額の負債を抱え、手付売買の方法で営業を継続していたが、所有者への代金の支払いができない状態にあった。A の経営者は他人の土地建物を取得して移転しうる可能性はないのに建売住宅として売り出し、X（原告、上告人）に対し代金 1050 万円で売却し、手付金・中間金を補完流用したため、X は当該土地建物の所有権を取得できずに損害を被った。Y 担当職員は A について他からも苦情を受けた結果、Y 知事は免許を取り消した。そこで X は Y 知事が処分権限を行使しなかったことで損害を被ったなどとして、国家賠償法に基づく損害賠償請求を Y に対し行った。

【判旨】請求棄却　(i)「当該業者の不正な行為により個々の取引関係者が損害を被った場合であっても、具体的事情の下において、知事等に監督処分権限が付与された趣旨・目的に照らし、その不行使が著しく不合理と認められるときでない限り、右権限の不行使は、当該取引関係者に対する関係で国家賠償法 1 条 1 項の適用上違法の評価を受けるものではないといわなければならない。」

(ii)「本件免許の付与ないし更新それ自体は、法所定の免許基準に適合しないものであるとしても、その後に A と取引関係を持つに至った X に対する関係で直ちに国家賠償法 1 条 1 項にいう違法な行為に当たるものではないというべきである。また、本件免許の更新後は担当職員が A と被害者との交渉の経過を見守りながら被害者救済の可能性を模索しつつ行政指導を続けてきたなど前示事実関係の下においては、X が A に対し中間金 390 万円を支払った時点までに Y 知事において A に対する業務の停止ないし本件免許の取消をしなかったことが、監督処分権限の趣旨・目的に照らして著しく不合理であるということはできない。」

【ポイント】　Y 知事の規制権限の不行使が不合理とされなかった具体的理由は何か？

3　責任の所在

⑴　考　え　方

　国家賠償法は、公務員の違法な行為に係る賠償責任を国・自治体といった行政主体に負わせる。したがって、公務員本人が故意・重過失によるのでなければ、個人として責任は負わない。仮に負わせるとしても、一度行政主体が賠償責任を負うことで、その後にさらに求償権を行使するという構図をとるため、間接的な構造となっている（→4）。

　他方、自治体は都道府県・市町村の職員の行為につき責任を負うが、それ以外に、行政活動の一端を担う民間企業が私人に損害を与えた場合においても自治体が賠償責任を負うべきかが、問題となることがある。この場合、共通した認識があるとはいいがたいが、法的にどの程度の監督権限が行使されるかについて検討が求められる。したがって、少なくとも**自治体が民間企業や団体等に対し法的に付与された監督権限を行使し得る程度において、いわゆる使用者責任を負う**前提に立つことが重要である。

⑵　事 例 傾 向

指定確認検査機関事例　　建築確認業務に係る指定確認検査機関の行為について、特定行政庁が属する自治体の責任が問題となることがある。

　関連事例は複数みられるが、例えば、指定確認検査機関が設計事務所に対し分譲マンションの構造計算書における過誤を指摘し訂正させたものの、訂正方法が適切か確認せずに建築確認をしたことに過失があり、当該マンションを購入した原告らが市にも責任があるとして損害賠償を請求した事例について、

　⒤　指定確認検査機関は行政とは独立して公権力の行使である建築確認業務を行っているので、その建築確認に瑕疵がある場合には機関自身が責任負うこと

　⒦　特定行政庁にも一定の監督権限は与えられているから同権限の行使を怠った場合には自治体も責任を負うこと

との判断枠組みを示したうえで、市は当該マンションに係る建築計画が建築基準関係規定に適合していないと認識できていなかったとした裁判例（横浜地判平成24・1・31判時2146号91頁）がある。

この事案と同じ指定確認検査機関による建築確認について、東京都ほかの各自治体を被告とした損害賠償請求において、建築主事等の注意義務違反が問われたが、いずれの請求も認められないとし棄却された裁判例（東京地判平成 21・7・31 判時 2065 号 82 頁）がある*。

村八分事例　住民から嫌がらせ（村八分）を受けた原告が市に対し国家賠償法 1 条 1 項等に基づく損害賠償請求を行った裁判例（大分地中津支判令和 3・5・25 判自 488 号 52 頁）がある。本件では、市から市報の配布等の事務を委託していた自治区の自治委員や区長は、強制的な権限を受けておらず、市から指揮監督も受けていないので公務員に当たらないこと、また、自治会連合会も公共団体に当たらないことから、市の使用者責任も負わないと判断された。

＊指定確認検査機関及び確認検査員の過失がないことで、県の責任を否定した裁判例（東京地判平成 23・3・23 訟月58巻6号2291頁）参照。

4　求償権の行使

(1)　意　義

公務員の違法な行為が故意や重過失によるものであると、個人として責任を負わせるべきことから、責任主体である自治体等から**求償権の行使がなされる可能性**がある（1 条 2 項）。なお、施設の設置管理に瑕疵に関する求償権についても同様の規定が置かれている（2 条 2 項。 **第 14 章** 参照）。

> **国家賠償法 1 条 2 項**
> 前項の場合において、公務員に故意又は重大な過失があつたときは、国又は公共団体は、その公務員に対して求償権を有する。

(2)　事 例 傾 向

求償権を自治体が行使するとは限らないため、行使がなされない場合は、違法に「怠る事実」があると解され、**自治体に対し求償権の行使を求める住民訴訟が提起されることが多い。**

部活事例　県立高校の生徒が課外活動（部活動）中に倒れ死亡した事故において顧問であった指導教員による適切な医療処置を尽くさなかったことに重過失を認め求償権の発生を認めたうえで、原告の請求を認めた裁判例（大分地判平成 28・12・22 判自 434 号 66 頁、福岡高判平成 29・10・2 判自 434 号 60 頁）がある（怠る事実に関する住民訴訟について **第 17 章** ）。

| 教員採用不正事例 | 　　　教員採用試験の不正に関与した教育審議監に対 |

　　　教員採用試験の不正に関与した教育審議監に対し、県は国家賠償法 1 条 2 項に基づく求償債務を負うとしたことを前提とする 基本判例 3―3 最判令和 2・7・14 民集 74 巻 4 号 1305 頁［大分市教員採用試験不正関与者求償権不行使事件］がある。本件では、教育審議監（当時）に対する市による全額の求償権行使を認めるものであった。

基本判例 3―3

最判令和 2・7・14 民集 74 巻 4 号 1305 頁［大分市教員採用試験不正関与者求償権不行使事件］

【事実の概要】　県公立学校の平成 19 年度採用に係る教員採用試験において、県教育委員会教育長を補佐し義務教育部門を統括した教育審議監 A（当時）が、受験者の中から自ら選定した者を合格させるよう、人事班主幹 B（当時）に対し指示していた。このほか、義務教育課長 C（当時）も B に対し、受験者の中から C の選定した者を合格させるよう指示した。この結果、B は受験者の得点を操作したうえで教育長に合否の判定を行わせ、依頼を受けた受験者を合格させた。A は C 等に対する不正な依頼があることを知りながら、C 及び B による不正を是正しなかった。

　県は、和解に基づき、当該年度試験において本来合格していたにもかかわらず不正による不合格者のうち 31 名に対して 7,095 万円の損害賠償金を支払い、その翌年度についても 22 名に対し 1,950 万円を支払った。そこで X ら（原告、上告人）は、不正に関与した A らに対する求償権に基づく支払い請求を求める住民訴訟を提起した。

【判旨】請求一部変更　(i)「国又は公共団体の公権力の行使に当たる複数の公務員が、その職務を行うについて、共同して故意によって違法に他人に加えた損害につき、国又は公共団体がこれを賠償した場合においては、当該公務員らは、国又は公共団体に対し、連帯して国家賠償法 1 条 2 項による求償債務を負うものと解すべきである。」

(ii)「A は、C 及び B と共同して故意に本件不正を行ったというのであり、これにより平成 19 年度試験において本来合格していたにもかかわらず不合格とされた受験者に損害を加えたものであるから、県に対し、連帯して求償債務を負うこととなる。そうすると、県は、A に対し、2,877 万 8,376 円の求償権を有していたこととなるから、同金額から A による弁済額を控除した 2,682 万 4,743 円の支払を求めることができる」。

【ポイント】　県の A に対する求償権の行使が及ぶ範囲はどの程度か？

債権放棄事例　市が元市長に対し国家賠償法1条2項に基づく求償権の行使を求める住民訴訟が確定したにもかかわらず、支払が行われなかったことでその行使を求めた事例において、求償権の行使を議会において放棄したにもかかわらず市長が放棄する意思表示をしないことは信義則に反するとして違法とされた住民訴訟に関する裁判例（東京高判平成27・12・22判自405号18頁）がある（債権放棄については**第19章**）。

第 14 章　**国家賠償法の基本論点・事例②**
　　　　　　　　　——設置管理の瑕疵

> 国家賠償法2条1項に規定される施設の設置管理の瑕疵について、基本的な
> 成立要件とあわせ、争訟法務に関わる基本事項を取り上げる。

1　設置管理の瑕疵

瑕疵がある場合とは？　　国家賠償法は、公の施設の設置管理に瑕疵
があ る場合にも、国・公共団体が損害賠償責
任を負うものとされる（2条1項）。瑕疵がある場合とは、その施設におい
て**通常有すべき安全性に欠如がある場合**と解するのが通説的理解である。
しかし、瑕疵が論ぜられるケースとして、個人への危害を防御する観点か
らの安全性以外にも、当該施設から発せられる公害等をもって瑕疵とみな
されるように、適用される事例は広範に上る（最判昭和 56・12・16 民集 35
巻 10 号 1369 頁［大阪国際空港訴訟］、最判平成 7・7・7 民集 49 巻 7 号 1870 頁［国
道 43 号訴訟］等）。

> **国家賠償法2条1項**
> 道路、河川その他の公の営造物の設置又は管理に瑕疵があつたために他人に
> 損害を生じたときは、国又は公共団体は、これを賠償する責に任ずる。

「公の施設」とは？　　「公の施設」とは法的に管理対象となる場合を想
定している。したがって、庁舎等の人工的に建造
されたもので一定の管理下に置かれれば含まれる（**人工公物**と称されるこ
とがある）。例えば、故障車が長時間放置されていたことで交通死亡事故
が発生したとする場合、事故により損害を負った者が道路管理者である県
に対し賠償請求をするといったことが考えられる（例、最判昭和 50・7・25
民集 29 巻 6 号 1136 頁）。他方、河川や海浜といった自然に存在してきたも
のも（**自然公物**）、同じく管理下に置かれれば、そこで損害が生じた場合
には被害者からの賠償請求に応ずる必要がある（例、最判昭和 59・1・26 民
集 38 巻 2 号 53 頁［大東水害訴訟］は改修河川の事例として設置管理の瑕疵が

否定された判例）。

2　国家賠償法1条1項との関係

　設置管理が公務員の職務上の行為と解される場合、国家賠償法1条1項に該当することが考えられる。例えば、河川の管理者が災害当時適切に注意義務を果たしていれば生じなかった損害について、被害者が賠償請求を提起するといった場合である。国家賠償法2条1項の規定は1条1項のように公務員の故意・過失を要件としない以上、請求が認容されやすいと思われる。しかし、公務員の設置管理責任として構成されると、結果的には同様の判断方法になりうる。

3　責任の所在

　自治体等が責任を負うべき範囲について、特に民間企業が公の施設の設置管理者である場合であっても、その瑕疵は国家賠償法1条1項と同様に行政主体に及ぶといってよい。例えば、野球観戦中にファウルボールが顔面に直撃し失明した事故に対する賠償責任について、裁判例（札幌高判平成28・5・20判時2314号40頁）では、球場に通常有すべき安全性を欠いているとは言えないとして、球場の指定管理者である民間企業とならび球場所有者である市の管理責任が否定された。

　もっとも、国家賠償法2条1項に基づく民間企業による管理瑕疵の責任よりも、**安全配慮義務違反に対する同法1条1項に基づく責任を自治体に負わせるべきかを論じるのが一般的**と思われる。

4　求償権の行使

> **国家賠償法2条2項**
> 前項の場合において、他に損害の原因について責に任ずべき者があるときは、国又は公共団体は、これに対して求償権を有する。

　国家賠償法2条2項は、施設の設置管理の瑕疵について求償権の規定を置いているが、自治体が求償権を行使するケースは、判例・裁判例中に見当たらない。あるとすれば、公務員の違法行為のように、住民訴訟によるケースが考えられる（**第13章**参照）。

　なお、道路の設置管理に瑕疵があったとして、事故等にあった被害者に保険金を支払った会社による代位請求事例が見られる。これは、民事法上の求償権行使につき争点となった事例であるため、ここにいう国家賠償法上の求償権とは性格を異にする。例えば、県道の落石事故により障害を負った自動車運転者に保険金を支払った会社が県に対し損害賠償請求を提起した事例において、県による道路の設置管理に瑕疵があったことを認定し、運転者に支払った保険金の一部を求償金として県への請求が一部認容された裁判例（さいたま地判平成 27・9・30 判自 411 号 83 頁）がある。

5　争訟法務の観点から

　損害賠償請求は、瑕疵が生じて以降に提起されるものであ。しかし、河川や道路の設置管理により生ずる損害は、生命身体に密接に関連するため、できるだけ未然に防止されることはもちろん、再発防止が本来求められるものである。そこで、争訟法務の観点からは、損害賠償請求の提起をきっかけとして、なぜ事故が生じたのか、なぜ管理上の瑕疵（ミス）があったのかを徹底して分析することが求められる。

第4部　その他の自治体行政争訟
── 住民訴訟

＊地方自治法は、「財務会計上の行為」という文言を定義していないが、住民訴訟の対象を示す用語であって、要は、公金の支出、財産の取得・管理・処分、契約締結・履行、債務負担等を指す総称である（242条1項を準用する242条の2第1項）。

第15章　住民訴訟の性質と課題

自治体の無駄遣いを是正する住民訴訟は、自治体行政への影響が大きく多様な目的で提起されることから、ここではその意義とあわせ、基本的な性質と課題を把握する。

1　住民訴訟の意義

特　徴　住民訴訟は住民が自治体の違法な財務会計上の行為＊について争うものである。地方自治の本旨に基づく住民参政の一環として、住民に対する出訴権を認めたものと理解されている＊＊。

＊＊塩野・行政法 II 288頁参照。

住民訴訟の主な目的は、自治体の無駄遣いを是正することである。活用例としては、過去の無駄遣いを非難し、その是正を図るというケースであり、例えば、市の財政状況に見合わない高額な公民館に関する建築請負契約を締結したり、無駄と分かっている団体に補助金の交付決定を行ったりした場合、判断権者であった当時の市長等に対する損害賠償責任を問うため、住民が訴訟を提起するといった場合である（実際には損害を被った市が市長等に賠償を請求するという方式がとられる。 第17章 参照）。

事例傾向　住民訴訟の事例は極めて多岐にわたっている。このため、個別の分野に応じてどのような住民訴訟が提起されているかを見ておくことが、求められる基本作業といえるだろう（個別事例について 第18章 ・ 第19章 ）。

訴訟を提起できる原告住民は、無駄遣いによって直接不利益を受けている必要はない。このため、住民訴訟は客観訴訟の一つに位置づけられる（客観訴訟は 序章② ）。また、住民訴訟が納税者訴訟を沿革としているが、訴訟に関する自治体の「住民」であって、納税者という資格によって訴えを

提起するものではない。

2　住民訴訟の目的の多様化

　住民訴訟は、自治体の「財務会計上の行為」に関連づけができれば**目的は問われない**。したがって、住民やその所属する団体などが、無駄遣いの是正というよりも、一定の政治目的で提起されることがある。

　近時の事例でいえば、市の管理する都市公園内に設置した孔子廟に係る公園使用料を全額免除した市長の行為が憲法 20 条 3 項の禁ずる政教分離原則に抵触するなどとして争われた 基本判例 4—1 **最大判令和 3・2・24 民集 75 巻 2 号 29 頁［那覇市孔子廟公園使用料免除事件］**が見られる。

基本判例 4—1

> **最大判令和 3・2・24 民集 75 巻 2 号 29 頁［那覇市孔子廟公園使用料免除事件］**
> 【事実の概要】　市公園条例及び同施行規則により、公園設置許可を受けた者は市に対し 1 か月 360 円の使用料納付義務があるとされていたが、市が管理する公園施設に設置された聖廟につき、使用料の全額免除をしていた。このため、当該免除行為をした市長の行為が政教分離原則に反しているとして、X（原告、被上告人、住民）が Y（被告、上告人、那覇市長）に対し、使用料の請求をしないことが違法に財産の管理を怠るものとして怠る事実の違法確認を求める住民訴訟を提起した。
> 【判旨】　一部破棄自判　「本件免除は、一般人の目から見て、市が参加人の上記活動に係る特定の宗教に対して特別の便益を提供し、これを援助していると評価されてもやむを得ない」。そして「社会通念に照らして総合的に判断すると、本件免除は、市と宗教との関わり合いが、我が国の社会的、文化的諸条件に照らし、信教の自由の保障の確保という制度の根本目的との関係で相当とされる限度を超えるものとして、憲法 20 条 3 項の禁止する宗教的活動に該当すると解するのが相当である」。
> 【ポイント】　①X による怠る事実の違法確認の構成の仕方、②政教分離原則違反と使用料全額免除の関係

　本件では、孔子廟に対する市の管理する公園使用料の免除行為の違憲性が争点とされたが、それ以外にも、使用料の一部免除の可否が問題とされた。この点について、最高裁は

(i)　免除に係る市公園条例の規定に基づく免除処分はなされていないこと

(ii)　公園条例・公園条例施行規則において一旦発生した使用料の徴収の

猶予等を定めた規定も存在しないこと

(ⅲ)　地方自治法施行令に定める徴収停止等の要件（171条の5ないし171条の7）に該当する事情もうかがわれないこと

を掲げ、債権行使に係る裁量を認めず、使用料全額（年間全額576万7,200円）の支払請求をしないことが違法と解している。

3　争訟法務の観点から

　以上のように、住民訴訟は自治体による無駄遣いの是正を狙いとし、その用途が多様化している。このため、被告となる自治体側として、日常的な財務状況の把握はもちろん、**定期的な監査等を通じて必要な是正を行い、その適否を客観的に判断できるよう努めること**が求められよう。また、仮に必要な財政的支出である場合には、その目的が適切に説明できるようにしておくことで、住民訴訟が提起された場合でも、無駄遣いではない旨適切な理由説明が可能となるよう準備することが求められる。

第16章　住民監査請求（住民訴訟の要件）

> 住民訴訟の要件は住民監査請求を前置としている点が重要であるが、この監査請求については諸種の手続を履践する必要がある。ここでは、請求の特定性、監査請求期間といった主要な手続要件について、取り上げる。

1　住民監査請求の意義

　住民監査請求は、住民訴訟と同様に財務会計上の行為（ 第15章 ）の違法性が問題となるが、監査委員がその是非を判断するため、不当性についても審理される。このため、**不当性は住民監査請求の段階で是正され、それでもなお違法と主張する場合に住民訴訟で審理されることに注意を要する**（違法性と不当性の一般的違いは 第1章 ）。

　地方自治法は、住民訴訟を提起する場合に必ず住民監査請求を提起する必要がある（242条の2第1項）。したがって、自治体側は住民訴訟に関する事案は必ず一度、住民監査請求を受けた監査人による監査手続によって精査される。また、住民監査請求は住民訴訟の前置であるが、適法な請求がなされていなければ、前置を経由したことにならない。したがって、請求手続の要件を充足せず**不適法却下とされる場合は、住民訴訟が提起できないことになる**。

2　請求手続の要件①——請求の特定性など

特　徴

　住民監査請求はその手続が厳格に定められている。請求自体は住民一人であっても可能であり、違法・不当な財務会計上の行為を証する書面を添付することが求められる（242条1項）。手続上は地方自治法施行規則13条の規定*があるものの、何をもって「証する書面」に該当するかは特段定められず、事案に応じて判断する必要がある。

基本判例 4—2

最判平成 16・12・7 判時 1886 号 36 頁
【事実の概要】　県の監査委員事務局職員の別県への出張旅費の支出が公務出張の事実がないのになされたことを受けて調査した結果、監査委員事務局に

*13条を受けた別記様式として、「職員措置請求書様式」が規定されるが、そこには「請求の趣旨」等の記載は求めるものの、極めてシンプルである。

おいて監査委員等を構成員とする監査委員事務局旅費調査委員会が設置され、同委員会は知事部局及び監査委員事務局における旅費支出について1件ごとに不適切なものであるかを調査し、報告書を作成して公表した。

　これを受けて、Xら（原告、上告人、住民）は、県監査委員に対し、事務処理上不適切な支出で公務遂行上の経費に充てられた費用の支出を違法とし、これにより生じた損害を填補するために必要な措置を講ずることを求める監査請求書を、事実を証する書面とともに住民監査請求を行ったが、請求対象の特定を欠くことを理由に却下された。ここでは、対象の特定性に係る判示部分のみ取り上げる。

【判旨】　一部破棄自判　「住民監査請求の対象が特定の当該行為等であることを監査委員が認識することができる程度に摘示されているのであれば、これをもって足りる」。本件では「旅費調査委員会等の各調査においては、それぞれ対象とする旅費の支出について1件ごとに不適切なものであるかどうかを調査したというのであるから、本件監査請求において、対象とする各支出……について、支出に係る部課、支出年月日、支出金額等の詳細が個別的、具体的に摘示されていなくとも、県監査委員において、本件監査請求の対象を特定して認識することができる程度に摘示されていたものということができる」。

【ポイント】　①監査請求に際し住民にはどの程度の請求内容を特定しておくべきか？②監査委員が認識できる程度とは？

請求の特定性　　住民監査請求時は請求の詳細な特定がなくとも、監査委員が請求の対象を特定して認識できる程度を判断基準と解するのが 基本判例4−2 最判平成16・12・7判時1886号36頁である。このことから、実際に**監査委員がどの程度請求内容を事前に特定できていたのか**が、住民監査請求時に考慮しておくべき実務的論点となる。

　なお、基本判例4−2 を参照した裁判例（横浜地判平成25・6・19判時2205号23頁）では、政務調査費として支出された新聞購読料等以外の経費について、全体の支出を包括して監査請求の対象としているものの、監査委員側から見てそれとわかることを理由に、請求対象の特定がなされたと解している。

3　請求手続の要件②──監査請求期間

概　要　　地方自治法242条2項は、当該行為のあった日又は終わった日から一年を経過したとき、住民監査請求ができないとさ

れており、請求期間が事前に決められている。

> **地方自治法242条2項**
> 前項の規定による請求は、当該行為のあつた日又は終わつた日から一年を経
> 過したときは、これをすることができない。ただし、正当な理由があるときは、
> この限りでない。

　この規定は比較的読みやすいものの、自治体が違法又は不当な私人に対
し損害賠償請求を怠る場合のように、「怠る事実」があった際の期間の起
算点は規定に明示されていない。住民訴訟では、原告住民側が監査請求期
間を徒過したことをもって適法な前置を経ていないと被告側自治体が主張
する場合も目立つことから、この点が重要な留意点となる。

<u>不真正怠る事実の意義</u>　「怠る事実」のうち、客観的、実質的に見て
実体法上の請求権の行使を怠る事実とする請
求は、請求期間の適用がない場合を「真正怠る事実」と称するのに対し、
適用がある場合を「不真正怠る事実」と称されてきた。例えば、談合業者
に対する賠償請求権が自治体に発生しているにもかかわらず、権利行使を
怠っているという主張は、請求権の発生時点において請求期間の起算点を
算定する必要があるといった場合である。

　ただし、建築工事代金増額分に係る損害賠償請求事例について、【基本判例】
【例4−3】**最判平成14・10・3民集56巻8号1611頁**は、契約の違法・無
効であることを請求権発生原因ではないと理解したうえで、怠る事実につ
いて監査請求期間の適用を受けないと解している。このことから、「不真
正怠る事実」に該当するか否かは、**問題となる財務会計行為が損害賠償請
求権の発生原因として正当に解釈できるかがカギとなる。**

基本判例4−3

最判平成14・10・3民集56巻8号1611頁
【事実の概要】　県芸術文化センター建設工事の請負契約変更を締結し、代金
増額分全額を支払ったことに対し、Xら（原告、上告人、住民）が県に代位
して建設請負業者であるYら（被告、被上告人）に対し損害賠償請求を提起
した。Xらは住民監査請求に際し、Yらに対する県の損害賠償請求権の行使を
怠る事実を対象としたが、請求時点において監査請求期間を徒過しているこ
とから、不適法とされた。
【判旨】一部破棄自判　「特定の財務会計上の行為が財務会計法規に違反して
違法であるか又はこれが違法であって無効であるからこそ発生する実体法上

第16章　住民監査請求（住民訴訟の要件）

の請求権の行使を怠る事実を対象として監査請求がされた場合」は請求期間の適用を受ける。しかし本件では、「本件監査請求は、県建築部及び総務部の幹部が、Ｙらの要請を受け、本件工事に関し、単価の水増し等の操作により設計変更予算案を違法に作成し、県議会に対してその事実を隠ぺいしたため、増額変更予算の執行議案が原案どおり可決承認され」たなどの事情から、「県のＹらに対する損害賠償請求権は、本件変更契約が違法、無効であるからこそ発生するものではない」ため、監査請求期間を徒過した不適法なものではない。

【ポイント】　①実体法上の請求権とは？②請求権の発生時点をどのようにとらえたらよいか？

4　争訟法務の観点から

　住民監査請求は、住民訴訟の前置手続であるが、無駄遣いの是正を試みる好機として住民訴訟と変わりない。しかし、住民訴訟と同様、住民監査請求自体も一定の目的をもって利用されるケースが考えられる。具体的には、住民訴訟を提起している原告・住民側が被告・自治体側の控訴を受けて、市長の政治的意図をもってあえて控訴すること自体が訴訟費用・弁護士費用の無駄遣いであると主張し、同一事件の流れの中で住民監査請求を行う場合が考えられる（弁護士費用の支出について 第17章 ）。

　例えば、芸術祭である「あいちトリエンナーレ2019」の主催者が市から受けた負担金が減額変更されたために、その差額分の交付請求をした民事訴訟が認容されたことから（名古屋地判令和4・5・25裁判所HP）、被告側が控訴したことに対し、芸術祭を支援する住民側（「あいちトリエンナーレ2019」実行委員会）が市の訴訟費用・弁護士費用を無駄遣いなどと主張するケースがある＊。

　同様のことは、住民訴訟に勝訴した原告住民から主張されることもあるように、弁護士費用の支出が**自治体の財政支出による以上、住民側の勝訴によって住民監査請求の対象となることを意識し、必要性の有無について適切な理由を説明できるよう準備する必要**がある。

＊このような住民監査請求に対する名古屋市の対応について、同市ウェブサイト（https://www.city.nagoya.jp/kansa/cmsfiles/contents/0000155/155942/20220902_aichitriennale2019_juminkansa.pdf）参照。

105

第 17 章　住民訴訟の性格と請求の種類

住民訴訟は四つの請求からなるため、ここでそれぞれの特徴について概観する。あわせて、各請求に共通の論点となる弁護士報酬についても取り上げる。

1　住民訴訟の性格

行政事件訴訟法は、住民訴訟について明文規定を置くわけではないが「民衆訴訟」の一つに位置づけられる（5条）。訴えを提起できる者は、「法律に定める場合において、法律に定める者に限り」提起できる（42条）が、具体的には地方自治法の規定により決せられる。

財務会計上の行為（当該行為）について請求類型として4つを規定しており（→2）、それら以外の請求類型は認められない。

2　請求の種類

(1)　差止請求（1号請求）

財務会計行為のうち、例えば、公金支出の差止め自体を求める場合であり、事前に差し止めるべき公金支出の内容が住民監査請求を提起された段階で明確であることを要する。したがって、過去の無駄遣いを非難しその後の是正を図ることを目的とするものではない。

(2)　取消し・無効等確認請求（2号請求）

財務会計行為のうち、例えば、行政財産の目的外使用における許可の取消しの場合がある。地方自治法は、公民館などの行政財産が本来の目的外の使用が行われる場合、その許可を必要とするが（238条の4第7項）、この許可の取消しを住民が求める請求が、これである。

(3)　怠る事実の違法確認請求（3号請求）

本来、市有地の使用料を請求すべきところ請求しないことが、違法に財産の管理を怠るものとして、その事実の違法確認を求めるのが、この請求である。政教分離原則違反に関する憲法訴訟においてこのケースが見られる（最大判平成22・1・20民集64巻1号1頁［空知太神社事件］、 **基本判例 4-1** ［**那覇市孔子廟公園使用料免除事件**］等。ただし最大判平成24・2・16判時2087号

26 頁［白山ひめ神社事件］は 4 号請求→(4))。

⑷　当該行為等を当該自治体の執行機関等に求める請求（4 号請求）

　住民訴訟の中でもっとも利用度の高い請求である。この請求は、**住民が自治体の有する損害賠償請求権等の権利の行使を裁判所に求めるものである**。「怠る事実」という点で、3 号請求はその違法確認を求めるのに対し、4 号請求は請求権の行使を「怠る事実」を前提に権利行使を求める点で、違いがある。

　なお、平成 14 年法律第 4 号による地方自治法改正前の旧 4 号請求では、住民が自治体を代位して直接当該行為をした自治体の長等を相手に損害賠償請求等を提起する**代位請求**として構成されていた。

3　弁護士報酬

概　要　住民訴訟は、財務会計の適正化を求める訴訟であるため、仮に財務会計上の行為が違法と裁判所が判断し、原告住民側が勝訴した場合、地方自治法 242 条の 2 第 12 項において、被告側自治体に対し弁護士報酬の支払請求を可能とする規定が置かれている。

> **地方自治法 242 条の 2 第 12 項**
> 第 1 項の規定による訴訟を提起した者が勝訴（一部勝訴を含む。）した場合において、弁護士、弁護士法人又は弁護士・外国法事務弁護士共同法人に報酬を支払うべきときは、当該普通地方公共団体に対し、その報酬額の範囲内で相当と認められる額の支払を請求することができる。

リーディングケース　実際、弁護士報酬に関する事例として問題となるのは、報酬額の妥当性という点であり、このあたりはリーディングケースである判例（最判平成 21・4・23 民集 63 巻 4 号 603 頁）が「相当と認められる額」とは「弁護士活動の『対価として必要かつ十分な程度として社会通念上適正妥当と認められる額』であると理解すべき」と解している。なお、実際の算定額は事案によるが、例えば、住民訴訟において認容された額や現実に回収された額などが重要な要素であるとする裁判例（大阪地判平成 27・9・3 判自 415 号 13 頁）がある。

第18章　住民訴訟事例①──財政関連法規事例

> 住民訴訟の諸事例のうち、広範な裁量が容認されやすい補助金交付、給与及び入札等に関わる財政関連法規に関する事例を取り上げる。

1　財政関連法規との関係

　住民訴訟において問題とされる事例は、財政関連法規に照らして判断されることが多い。もっとも、これらは必ずしも明瞭とは言えず、広範な裁量を認める判断がなされる可能性がある。この場合、住民訴訟では非常に詳細に事実関係を検討し、そのうえで違法性を判断するケースが多いことから、関連する諸事例は事実関係を適切に踏まえた検討が必要となろう。

2　事例傾向①──補助金交付

> 概　要　　補助金交付が住民訴訟のルートに乗る場合、地方自治法232条の2が規定する「公益上必要がある場合」に該当する

かが実際上の問題となる。

> 陣屋の村事件　　町の公の施設について赤字補てんを行うため補助金を交付したことにつき公益上の必要性が問題とされ

た 基本判例4─4 最判平成17・10・28民集59巻8号2296頁［陣屋の村事件］では、町の公の施設を存続させるために運営委託した振興協会の経営判断が問題とされた事例であるが、町から委託を受けて当該協会が管理運営を行っていることを理由に、赤字補てんし存続させるために補助金交付を行うこと自体に、「公益上必要」と考える余地を残している。なお、町長が振興協会の理事長を務めているという点で、経営側と補助金交付側の責任者が同一であることから、経営の合理的判断という点では人事上の問題はあったと考えることができる。

> 地方自治法232条の2
> 普通地方公共団体は、その公益上必要がある場合においては、寄附又は補助をすることができる。

基本判例 4—4

最判平成 17・10・28 民集 59 巻 8 号 2296 頁［陣屋の村事件］
【事実の概要】　町は、条例に基づき、地方自治法 244 条 1 項にいう「公の施設」として村自然活用施設（以下、「陣屋の村」という）を設置し、その管理運営事業を行うため、町の出資を基本財産として設立された振興協会に対し、委託契約を締結していた。振興協会の理事長であり町長の職にあった A は、新たに調理員を雇い入れる一方、他の調理員は解雇しなかったこと、運営収支が赤字となったため町長として赤字補てんするため補助金交付を決定し、町議会の議決を経て支出命令したことがあった。そこで X ら（原告、被上告人、住民）は Y（被告、上告人、A の相続人）に対し、町に代位して補助金相当額の損害賠償請求を提起した。
【判旨】破棄自判　振興協会は町から委託を受けて専ら陣屋の村の管理及び運営に当たっているから「その運営によって生じた赤字を補てんするために補助金を交付することには公益上の必要があるとした町の判断は、一般的には不合理なものではない」。「条例が陣屋の村を設置することとした目的等に照らせば、仮に振興協会による事務処理に問題があり、そのために陣屋の村の運営収支が赤字になったとしても、直ちに、上記目的や陣屋の村の存在意義が失われ、町がその存続を前提とした施策を執ることが許されなくなるものではない」。したがって、「本件補助金の交付が公益上の必要を欠くということはできない」。
【ポイント】　①公益上必要とされる補助金の範囲、②赤字経営の公の施設を救済する補助金は公益上必要か？

日韓高速船事件　　第三セクターに対する補助金交付の是非が問題となった　基本判例 4—5　最判平成 17・11・10 判時 1921 号 36 頁［日韓高速船事件］では、事業の目的、市と事業の関わり合いの程度のほか、市議会への支出の説明と議決といったように、「公益上必要がある場合」の該当性を事実関係に照らして判断しており、過去の経営判断に対する直接的な追及方法として公益性を判断するものではないといえる。

基本判例 4—5

最判平成 17・11・10 判時 1921 号 36 頁［日韓高速船事件］
【事実の概要】　市長は姉妹都市である韓国・釜山市と間で高速船就航事業を実施すべく、県・市及び民間企業の出資により設立された第三セクター方式の株式会社に市が補助金を支出したことに対し、X ら（原告、被上告人、住民）は地方自治法 232 条の 2 に規定する「公益上必要がある場合」の要件を満た

さないことを主張し、Ｙ（被告、上告人、市長〔当時〕）に対し、市に代位して損害賠償請求を提起した。

【判旨】破棄自判　「本件事業の目的、市と本件事業とのかかわりの程度、上記連帯保証がされた経緯、本件第２補助金の趣旨、市の財政状況等に加え、上告人は本件第２補助金の支出について市議会に説明し、本件第２補助金に係る予算案は、市議会において特にその支出の当否が審議された上で可決されたものであること、本件第２補助金の支出は上告人その他の本件事業の関係者に対し本件事業の清算とはかかわりのない不正な利益をもたらすものとはうかがされないことに照らすと、上告人が本件第２補助金を支出したことにつき公益上の必要があると判断したことは、その裁量権を逸脱し、又は濫用したものと断ずべき程度に不合理なものであるということはできない」。

【ポイント】　経営破綻が予想できた第三セクターへの補助金交付は公益上必要か？

3　事例傾向②── 給与

　地方自治法は、議員や職員等に対する給与は条例に基づかずに支給できないとする、いわゆる**給与条例主義**を定めている（204条の２）。しかし、退職慰労金等をはじめとした給与に該当しうる金の支出が条例の規定によらず行われていることをもって、給与条例主義違反と主張する事例が住民訴訟の提起によって明らかとなることがある。

　なお、裁判所により違法とされたとしても、議会が損害賠償請求権（債権）を放棄することで、事実上、支給された状態が法的に適法なものとして継続する可能性があるため、議会による債権放棄の違法性を争点とした別の住民訴訟も提起されている（詳細は 第19章 ）。

4　事例傾向③── 入札等

⑴　契約の方法

　地方自治法は、自治体が締結する売買、賃借、請負等の契約を締結するにあたり、一般競争入札、指名競争入札、随意契約及びせり売りの四種の方法がある旨明示する（245条１・２項）。また、同法施行令にもこれらの方法について規定が置かれているが、どのような関係があるかはそこから読み取る必要がある。

地方自治法施行令を踏まえた方法の関係性

① **一般競争入札** 相手を特定せずに競争入札を行う方法。原則
② **指名競争入札** 指名者の中で競争入札を行う方法。一般競争入札に適さないもの等（167条）。
③ **随意契約** 相手方を事前に特定する方法。競争入札に適さないもの等（167条の2）。
④ **せり売り** 動産の売払いで当該契約の成立がせり売りに適しているもの（167条の3）。

---

(2) 方法の選択

特 徴 住民訴訟が自治体の公金支出に係る無駄遣いの是正を念頭に置く以上、一般競争入札又は指名競争入札ではなく随意契約の方法を選択したことで、余分な支出が自治体に生じ損害を与えたことを非難する事例が見られる。

リーディングケース 地方自治法施行令（昭和49年政令第203号改正前）167条の2第1項1号にいう「その性質又は目的が競争入札に適しないものをするとき」（現2号に相当）の該当性について、**基本判例4―6** 最判昭和62・3・20民集41巻2号189頁はリーディングケースとして、競争入札がそもそも不可能な場合（不動産の買入・借入等）以外にも、**契約目的の達成上必要とされる場合などその性質・目的に照らして競争入札の方法によることが不可能又は著しく困難である場合**とする判断基準を提示した*。

*差戻控訴審・福岡高判昭和63・2・25行集39巻1・2号119頁は、原告住民らの請求を棄却している。

基本判例4―6

最判昭和62・3・20民集41巻2号189頁
【事実の概要】 市の新たなごみ処理施設の設置に係る請負契約の締結方法について、担当課長・係長は競争入札が適当でないとの理由から、随意契約の方法による請負契約を締結し、市は工事代金を契約相手方の会社に支払った。このことに対し、X（原告、被上告人、住民）は、Y（被告、上告人、第一審時被告であった市長職務代理者の承継人）に対し、市に代位して当該契約により被った損害賠償請求を提起した。
【判旨】破棄差戻 (i)「当該契約自体では多少とも価格の有利性を犠牲にする結果になるとしても、普通地方公共団体において当該契約の目的、内容に照らしそれに相応する資力、信用、技術、経験等を有する相手方を選定しその者との間で契約の締結をするという方法をとるのが当該契約の性質に照らし又はその目的を究極的に達成する上でより妥当であり、ひいては当該普通地

111

方公共団体の利益の増進につながると合理的に判断される場合」は地方自治
法施行令（昭和49年政令第203号改正前）167条の2第1項1号の規定に該
当する。

(ii)市が「建設工事の遂行能力や施設が稼働を開始した後の保守点検態勢といっ
た点の考慮から契約の相手方の資力、技術、経験等その能力に大きな関心を
持ち、これらを熟知した上で特定の相手方を選定しその者との間で契約を締
結するのが妥当であると考えることには十分首肯するに足りる理由があると
いうべき」。

【ポイント】　①随意契約を選択できる基準、②市が随意契約を選択した具体
的理由とは？

随意契約の方法　この判断基準を用いて随意契約の方法による判断
そのものの適法性について審理した事例は、これま
でにも多数に上る。例えば、最近の裁判例でみれば、粗大ごみ破砕施設の
更新工事請負契約（大阪地判令和3・5・13判自486号58頁）、労働福祉セ
ンター仮移転建設業務契約（大阪地判令和3・7・14判自487号11頁）など
がある。

一般競争入札等の方法　一般競争入札などの他の方法を選択しな
かったことの違法性が問われた裁判例もみら
れる。例えば、小中学校統廃合・校区変更整備事業に伴う委託契約等（大
阪地判令和元・6・28判自465号60頁）、地域拠点相談支援センターの運営
委託契約（東京地判令和2・1・31判自472号80頁）では、いずれも随意契
約を採用していたことについて適法と判断されている。なお、随意契約の
方法を選択したこと自体は違法であったとしても、町長の支出命令は適法
と解した裁判例（大阪地判令和元・6・26判自465号88頁）がある。

⑶　談合事例

独禁法違反事例　競争入札が行われた場合に受注予定者間で談合が
行われたことで発注者側自治体に損害が生じたと考
え、損害賠償を求める住民訴訟が多数見られる。**談合の成立自体は独禁法
違反の成否にかかわる**が、例えば、同法を管轄する公正取引委員会による
排除措置命令や課徴金納付命令が出され手続上確定することで、談合の事
実が法的に認定されたといえる。そこで、談合事実の確定後において、な
おも発注者側自治体が損害賠償請求を提起していない場合、請求権の行使
を「怠る事実」があったとして住民から訴訟が提起される場合が考えられ

る。

| 旧 4 号請求（代位請求）事例 |

客観的に見て不法行為の成立を認定するに足りる証拠資料を入手し得たにもかかわらず、市長側が損害賠償請求権を行使しなかった場合、「怠る事実」があるとの判断を示した **基本判例 4—7** 最判平成 21・4・28 判時 2047 号 113 頁［尼崎市ごみ焼却施設建設工事談合事件］がある*。

基本判例 4—7

最判平成 21・4・28 判時 2047 号 113 頁［尼崎市ごみ焼却施設建設工事談合事件］

【事実の概要】 X ら（原告、上告人、住民）は、市が発注したごみ焼却施設の建設工事指名競争入札において、Y ら（被告、被上告人）を受注予定者とする談合をし、正常な想定落札価格と比較して不当に高い価格で落札工事を発注したため、市が損害を被ったにもかかわらず市長が Y らに対する損害賠償請求権の行使を違法に怠っていると主張して、怠る事実の相手方である Y らに市に代位して損害賠償請求を提起した。

【判旨】破棄差戻 市長は本件訴訟第一審判決では Y らに対する損害賠償請求を一部認容するものであり、市長も当初被告とされていたことが記録上明らかであるから、「本件訴訟において証拠として提出された別件審判事件の資料や別件審決の審決書等の証拠資料を容易に入手することができたものと考えられる」ので、「市長は、客観的に見て上記不法行為の成立を認定するに足りる証拠資料を入手し得たものということができるのであり、……市長において、不法行為に基づく損害賠償請求権を行使することにつき、格別の支障がなかったものと一応判断される」。したがって、「請求権の不行使が違法な怠る事実に当たらないとした原審の判断には、判決に影響を及ぼすことが明らかな法令の違反がある」。

【ポイント】 どのような場合に市が損害賠償請求権の行使を怠る事実があるといえるか？

＊差戻控訴審・大阪高判平成22・7・23 裁判所 HP は、原告住民らの請求を一部認容している。

第 19 章　**住民訴訟事例②──議会関連事例**

> 住民訴訟の関連事例のうち、議会活動が直接的に争点となるものとして、政
> 務活動費、債権放棄及び議決の在り方に関する諸事例を取り上げる。

1　議会関連特有の課題

　地方自治法は、地方議会の議決事件の対象事項を列挙しており、契約の
締結や訴訟の提起などがその対象に含まれる（96 条各号）。議会による議
決は、民主的な手続をもってその自治体の意思表示がなされることを意味
し、「議会の自律性」と称されるように、これまでの判例でもそのことを
尊重する傾向にある。

　もっとも、「議会の自律性」が尊重されるとしても、議決方法などで直
接判断に踏み込むことは控えられると、無駄遣いの是正を狙いとする住民
訴訟の趣旨を潜脱したり、恣意的に公金を利用される可能性があるなど、
民主的手続が無駄遣いの隠れ蓑になる可能性も否定できない。

　このあたりの住民訴訟に係る課題のうち、以下では政務活動費（旧政務
調査費）（→ 2）、損害賠償請求権の放棄（→ 3）、議決そのものの在り方（→ 4）
について、取り上げる。

2　事例傾向①──政務活動費（旧政務調査費）

特　徴

　地方自治法では、地方議会議員の調査研究活動に資する必
要な経費の一部を「政務活動費」と称して支出を可能とする
規定を置いている（100 条 14 項）。そして、条例の規定で支出に係る諸項
目を定めることになっているが、「政務活動費」の使途は会派ごとに定め
られ、それ自体明確とは言えず、公金の無駄遣いに該当するとして住民訴
訟が提起される場合が多数みられる。

会派の交付額

　不当利得返還請求が提起される関連事例が見られる。
例えば、会派に対する交付額につき、基本判例 4-8最
判平成 30・11・16 民集 72 巻 6 号 993 頁［神奈川県議会事件］では、収

支報告書上の支出が実際には存在しないことを容認する判断であり、記載事項が真実を記載しない場合であっても、交付額総額でとらえるという見方を示すものであった。

最判平成 30・11・16 民集 72 巻 6 号 993 頁［神奈川県議会事件］
【事実の概要】 Xら（原告、被上告人、住民）は、県議会会派が交付を受けた政務調査費・政務活動費に関し、収支報告書に支出と記載されたものの一部が実際には支出されていないため不当利得になるにもかかわらず、Y（被告、上告人、神奈川県）が当該会派に対する不当利得返還請求権の行使を怠っているとして、そのことが違法であることの確認を求めた。
【判旨】破棄自判 「新旧条例に基づいて交付された政務活動費等について、その収支報告書上の支出の一部が実際には存在しないものであっても、当該年度において、収支報告書上の支出の総額から実際には存在しないもの及び使途基準に適合しないものの額を控除した額が政務活動費等の交付額を下回ることとならない場合には、当該政務活動費等の交付を受けた会派又は議員は、県に対する不当利得返還義務を負わないものと解するのが相当である」。
【ポイント】 交付額を上回った収支報告書であって実際に支出が存在しない場合があっても不当利得返還請求の対象にならないのか？

返還請求可能な場合　　しかし、基本判例 4─8［神奈川県議会事件］が架空支出そのものを認める趣旨とする判例ではないと解されるべきである。この判例を前提にした別の判例（最判令和 3・12・21 判自 483 号 11 頁）における宇賀判事の補足意見が示すように、政務活動費に充てる経費の範囲外の支出額相当額の返還命令を可能にするといった**条例の規定が存する場合は返還請求が可能**（例、補足意見は「東京都政務活動費の公布に関する条例」に言及する）と解される。

なお、(旧)政務調査費以外に会派に対して会派運営費を補助金として交付することは地方自治法 232 条の 2 の規定に適合すると解する判例（最判平成 28・6・28 判時 2317 号 39 頁）のように、会派への公金支出を広範に容認する傾向にあるといえる。

3　事例傾向②─債権放棄

特　徴　　住民訴訟が提起され、判決により被告自治体側が敗訴した場合、4 号請求であれば損害賠償請求権をその相手方に行使

することが義務付けられる。そして、請求権の不行使は「怠る事実」として問題とされる。しかし、請求権（債権）そのものを議会の議決により放棄することがある。本来、議会が債権の放棄を民主的手続により判断したこと自体は尊重されるべきところ、住民訴訟という司法手続を通じて確定した内容に照らせば、制度趣旨に悖（もと）る可能性があると考えられるようになった。

| 退職金慰労金事例 |

要綱に基づく退職慰労金の支給が給与条例主義（第18章）に反するとして市による損害賠償請求権の行使が住民訴訟において求められた 基本判例4─9 最判平成24・4・20判時2168号45頁［大東市退職慰労金事件］では、第一審口頭弁論終結時に要綱及び制度そのものを廃止していたが、第一審で敗訴したことを受け、控訴審段階で請求権の放棄を議会で議決したことが問題とされた。最高裁は、請求権の不行使が違法となる場合として、

(i)　考慮すべき諸般の事情を明確にしたうえでそれらに反する場合は裁量権の逸脱濫用があること

(ii)　本件では考慮事項が考慮されていないこと

と判示し、破棄差戻されている*。このことから、**債権放棄の議決という民主的な意思表示が自治体からなされても、事実関係に照らして違法と解される余地があること**が明らかになった。

*差戻控訴審・大阪高判平成25・3・27LEX/DB文献番号25500470は、故意・過失を認めず、原告の請求は棄却された。

基本判例4─9

最判平成24・4・20判時2168号45頁［大東市退職慰労金事件］
【事実の概要】X（原告、上告人、住民）は、平成19年3月31日及び7月31日付でそれぞれ退職する非常勤職員に対し、退職慰労金を市が支給したことが地方自治法204条の2の規定（給与条例主義）に反するとして、A（支出当時の市長）に対する損害賠償請求等を求める住民訴訟をY（被告、被上告人、市長）に対し提起した。
　第一審判決（大阪地判平成20・8・7判タ1300号172頁）ではYが敗訴しこれを不服として控訴したが、市議会は地方自治法96条1項10号の規定に基づき権利の放棄を行う議案を提出し可決されたことを受け、控訴審（大阪高判平成21・3・26〔平成20年（行コ）第136号〕）では請求権が議決により消滅していたとしてXの請求を棄却した。
【判旨】一部破棄差戻　(i)「個々の事案ごとに、当該請求権の発生原因である財務会計行為等の性質、内容、原因、経緯及び影響、当該議決の趣旨及び経緯、当該請求権の放棄又は行使の影響、住民訴訟の係属の有無及び経緯、事後の

状況その他の諸般の事情を総合考慮して、これを放棄することが普通地方公共団体の民主的かつ実効的な行政運営の確保を旨とする同法の趣旨等に照らして不合理であって上記の裁量権の範囲の逸脱又はその濫用に当たると認められるときは、その議決は違法となり、当該放棄は無効となるものと解するのが相当である。」

(ii)本件議決について原審は「本件退職慰労金の支給に係る違法事由の有無及び性格やＡらの故意又は過失等の帰責性の有無及び程度を始め、本件退職慰労金の支給の性質、内容、原因、経緯及び影響、本件議決の趣旨及び経緯、当該請求権の放棄又は行使の影響、本件訴訟の経緯、事後の状況などの考慮されるべき事情について何ら検討をしていない」。

【ポイント】　①権利の放棄が違法となるのはどのような場合か？②債権が消滅しうる議決にはどのような考慮事項があるか？

　なお、基本判例 4—9 最判平成 24・4・20 判時 2168 号 45 頁［大東市退職慰労金事件］と同時期に出された判例（最判平成 24・4・20 判時 2168 号 35 頁［神戸市］、最判平成 24・4・23 判自 2168 号 49 頁［さくら市］）も、請求権の放棄に当たり、当該財務会計行為（契約等）の「性質、内容、原因、経緯及び影響、当該議決の趣旨及び経緯、当該請求権の放棄又は行使の影響」について総合考慮を求める立場は一貫している。

競艇事業協力金事例

　地方公営企業職員に対する退職慰労金の支出事例において、基本判例 4—10 最判平成 30・10・23 判時 2416 号 3 頁［鳴門市競艇事業公金支出等損害賠償事件］では、漁業組合の組合員に競艇事業に関する協力金の支払いを継続して行っていたことについて、その支払いが住民訴訟において違法とされ賠償請求権の行使が求められたとしても、**債権放棄に係る議会の議決に当たって支出者と支出を受けた者の帰責性**を問題とし、本件では市議会の裁量権の範囲に逸脱濫用には当たらないと判断されている。

基本判例 4—10

最判平成 30・10・23 判時 2416 号 3 頁［鳴門市競艇事業公金支出等損害賠償事件］

【事実の概要】　Ｙ（被告、上告人、鳴門市）が経営する競艇事業について、近接海域においてボラ業の漁業権を設定していた漁業組合の組合員らに対し漁業補償金を支払うようになっていた（昭和 38 年に当該漁業権は消滅したがわかめ養殖業を実施）が、これとは別に市が競艇場の規模拡張のための事業を行った際、参加人ら組合員に整備事業に係る工事協力金（各 1,000 万円）を支

払っていた。

　平成18年から24年までの間に公有水面使用協定を締結し協力費（各430万円）を支出したのに対し住民訴訟が提起され、平成23・24年度分の支払いが違法であるとする控訴審に対する上告不受理決定があった。その後、平成25年度の支出を違法としてXら（原告、被上告人、住民）がYに対しA（当時の公営企業管理者企業局長の職にあった者）に損害賠償請求等を求める住民訴訟を提起した。第一審判決（徳島地判平成27・12・11判自423号42頁）ではXらの主張が認容されたが、その後、市はAに対する損害賠償請求権を放棄する市議会の議決を行った。

【判旨】破棄自判　(i)「本件議決の適否を判断するためにその支出を行った者又は支出を受けた者の帰責性の程度を検討するに当たっては、このような支出が、当該企業の目的を遂行するための政策的観点を踏まえた多角的、総合的な判断に基づいて行われる性質のものであることを考慮に入れる必要がある。」

(ii)Aは「本件協力費の見直しを行うべきではあったものの、その支出が違法であることを容易に認識し得る状況にあったとはいえないから、その帰責性が大きいということはできない」。参加人らは「本件協力費の支出の適否を判断する立場にはなく、従前と同様にしとの間で協定を締結し、それに従って本件協力費を受領したに過ぎないものである以上、本件協力費の支出が合理性、必要性を欠くものであったことが明らかな状況であったとはいい難い」ため、帰責性が大きいということはできない。

(iii)本件議決は「不当利得返還請求権を行使した場合に参加人らへの影響が大きいこと」、帰責性が大きいとはいえないこと等を考慮した上でされたものであるとみることができ、Aや参加人らの支払義務を不当な目的で免れさせたものということはできない」。「参加人らに対して……3年分の本件協力費に相当する1380万円の返還を求めれば、その財政運営に相当の悪影響を及ぼすことが容易に想定されることに照らせば、市の水産業振興の観点から参加人らの財政運営に一定の配慮をし、不当利得返還請求権の放棄の理由としたことが不合理であるとはいえない」。

【ポイント】　①議会の議決があった場合に求められる考慮、②支払者（市担当者）と支払いを受けた者（参加人）の帰責性の程度

4　事例傾向③──議決の在り方

特徴　自治体の財産の譲渡・貸付け等について、地方自治法は議会の議決による場合でなければならない旨規定している（237条2項）。もっとも、同法では、議決がどのようになされるかなどの具体

的な手続が定められているわけではないので、事例に照らし実質的に判断する必要がある。

地方自治法 237 条 2 項

第 238 条の 4 第 1 項の規定の適用がある場合を除き、普通地方公共団体の財産は、条例又は議会の議決による場合でなければ、これを交換し、出資の目的とし、若しくは支払手段として使用し、又は適正な対価なくしてこれを譲渡し、若しくは貸し付けてはならない。

土地譲渡事例　　**基本判例 4─11** 最判平成 30・11・6 判時 2407 号 3 頁 [大竹市土地譲渡事件] では、土地の譲渡を鑑定価格で試みていたにもかかわらずこれが実現しなかった事例であり、議会審議の実態を見たうえで、議会が売却の必要性からこの点を審議したうえで議決したのであれば議決があったものとみなした点が重要である。

基本判例 4─11

最判平成 30・11・6 判時 2407 号 3 頁 [大竹市土地譲渡事件]
【事実の概要】　Y（被告、上告人、大竹市）が所有する土地を売り払う際、10 億 5400 万円を予定価格として公表し一般競争入札に付したが申込者がおらず、その後も同様の状況であった。その後、本件土地を最終的には 3 億 5000 万円で売却する議案を市議会に提出し、生活環境委員会に置いて、鑑定評価額が 7 億円であること、予定価格が 3 億 3,777 万 8,342 円と説明して、議案可決の議決を行い、議会でも議案が可決された。本会議では、鑑定評価価格についての発言があった。X ら（原告、被上告人、住民）は、本件土地の譲渡が地方自治法 237 条 2 項にいう適正な対価なく行われ、同項の議会の議決によるものではないとして、A（当時の市長）に対し損害賠償請求を Y に求める住民訴訟を提起した。
【判旨】破棄自判　「審議の実態に即して、当該譲渡等が適正な対価によらないものであることを前提として審議がされた上これを認める趣旨の議決がされたと評価することができるときは、同項の議会の議決があったものというべきである。」「市議会においては、本件土地を譲渡して住宅地とする必要があったにもかかわらず、容易に本件土地を売り払うことができなかったという経緯を踏まえて本件議案の審議がされたものというべきであり、本件譲渡が適正な対価によらずにされたものであったとしてもこれを行う必要性や妥当性に係る事情が審議に表れているということができる。」
【ポイント】　どのような場合に適法な議会の議決があったといえるか？

事 項 索 引

ま 行

や 行

ら 行

わ 行

判 例 索 引

〈著者紹介〉

友岡 史仁（ともおか・ふみと）

日本大学法学部教授

1997年慶應義塾大学法学部法律学科卒業，1999年同大学院法学研究科博士前期課
程修了，2003年同大学院法学研究科博士後期課程単位取得退学。日本大学法学部
専任講師，助教授・准教授を経て，2013年に同教授。現在，川崎市情報公開・個
人情報保護審査会副会長，東京都情報公開審査会委員，同個人情報保護審査会委員，
神奈川県情報公開・個人情報保護審議会委員等歴任

〈主著〉『公益事業と競争法』（晃陽書房，2009年），『ネットワーク産業の規制と
その法理』（三和書籍，2012年），『要説経済行政法』（弘文堂，2015年），『経済行
政法の実践的研究』（信山社，2022年），『行政情報法制の現代的構造』（信山社，
2022年），『情報公開・個人情報保護―自治体審査実務編』（共編著，信山社，2022
年）ほか

行政LMS

II

基本争訟法務
◆自治体行政救済法（基礎）編◆

2023（令和5）年1月13日　第1版第1刷発行
1192：P144　￥1600E　012-015-005

著　者　友　岡　史　仁
発行者　今井 貴・稲葉文子
発行所　株式会社　信山社
〒113-0033 東京都文京区本郷6-2-9-102
Tel 03-3818-1019　Fax 03-3818-0344
info@shinzansha.co.jp
笠間才木支店 〒309-1611 茨城県笠間市笠間515-3
Tel 0296-71-9081　Fax 0296-71-9082
笠間来栖支店 〒309-1625 茨城県笠間市来栖2345-1
Tel 0296-71-0215　Fax 0296-72-5410
出版契約2023-1192-4-01011　Printed in Japan

©友岡史仁，2023　組版：翼／印刷・製本：藤原印刷
ISBN978-4-7972-1192-4 C3332 分類323.904

行政 LMS 発刊に際して

　社会環境が劇的に変化する中で、価値観がいっそう多様化し、求められるニーズも常に変容している。個人はもちろん、組織において柔軟な思考が必要となるゆえんである。とりわけ 2020 年にはじまった世界的な新型コロナ・パンデミックは、人々の生活・行動に加速的変化をもたらし、社会的ニーズへの迅速な対応が一層必須と化している。それゆえ、私たちが法治国家の中で社会を形成する必要上、過去の制度や運用を果敢に見直し、変容するニーズにより実践的に対応することが、現在の法的需要として求められているといえよう。

　そこで、そのような現代的ニーズに応えるシリーズ企画として、信山社から機会をいただき、**法的知識を基にした組織マネジメント（管理運用）が求められる多様な場面を想定した意味を込めて**「リーガル・マネジメントシリーズ」（通称 LMS）を立案した。LMS では、例えば、ある種の分野に精通したスペシャリストの方々向けというよりは、役所・企業といった組織にあって、これから特定の分野に携わるかもしれない方、日々の業務において生ずる迷いを解くきっかけ、ないしはレファレンスを求めておられる方、時に教育機関においてそのような業務に携わることを志そうとする方（大学生、専門学校生）などを読者に想定している。そして、自ら携わる（かもしれない）業務を「法的知識」で「管理・運用」できるよう目指す方々に、少しでも痒い所に手が届く"孫の手"を差し伸べられることを目指そうとするものである。

　本企画を提案した編者（友岡）自身は、行政法・経済法を専攻とする大学教育に携わる一研究者である。これまで国・地方公共団体などの有識者会合への出席等を通じて実務との接点を持ってきた経験から、LMS の一つとして「行政LMS」というカテゴリーを提唱したが、対象となり得る潜在的分野は、社会の変容に直面し拡大していると思われる。本企画が数多の方々のご協力によって実現したのも、そうした幅広いニーズに応えられる企画の実現を目指した具体的な一つの段階であると、認識する次第である。

　2022 年 8 月

　　　　　　　　　　　　　　　　　　　　　　　　友岡　史仁

現代選書シリーズ

未来へ向けた、学際的な議論のために、
その土台となる共通知識を学ぶ

信山社

水底を掬う ― 大川小学校津波被災事件に学ぶ
　　河上正二・吉岡和弘・齋藤雅弘 著

災害行政法　村中 洋介 著

防災法　生田 長人 著

防災の法と社会 ― 熊本地震とその後
　　林 秀弥・金 思穎・西澤雅道 著

防災行政と都市づくり―事前復興計画論の構想
　　三井 康壽 著

◆ 信山社新書 ◆

ウクライナ戦争と向き合う ― プーチンという「悪夢」の実相と教訓
　　井上 達夫 著
この本は環境法の入門書のフリをしています
　　西尾 哲茂 著
くじ引きしませんか？ ― デモクラシーからサバイバルまで
　　瀧川 裕英 編著
タバコ吸ってもいいですか ― 喫煙規制と自由の相剋
　　児玉 聡 編著
スポーツを法的に考えるＩ ― 日本のスポーツと法・ガバナンス
　　井上 典之 著
スポーツを法的に考えるＩＩ ― ヨーロッパ・サッカーとＥＵ法
　　井上 典之 著

信山社

◆ 信山社ブックレット ◆

個人情報保護法改正に自治体はどう向き合うべきか
　／日本弁護士連合会情報問題対策委員会 編

情報システムの標準化・共同化を自治の視点から考える
　／日本弁護士連合会公害対策・環境保全委員会 編

女性の参画が政治を変える─候補者均等法の活かし方
　／辻村みよ子・三浦まり・糠塚康江 編著

＜災害と法＞　ど〜する防災【土砂災害編】／【風害編】
　【地震・津波編】／【水害編】／【火山災害編】
　／村中洋介 著

ど〜する海洋プラスチック（改訂増補第2版）
　／西尾哲茂 著

求められる法教育とは何か／加賀山茂 著

核軍縮は可能か／黒澤満 著

検証可能な朝鮮半島非核化は実現できるか
　／一政祐行 著

国連って誰のことですか─巨大組織を知るリアルガイド
　／岩谷暢子 著

国際機関のリーガル・アドバイザー ── 国際枠組みを動
　かすプロフェッショナルの世界／吉田晶子 著

━━━━ 信山社 ━━━━

行政LMS I

行政リーガル・マネジメント・シリーズ I

情報公開・個人情報保護
—自治体審査実務編—

友岡史仁 編著

DX時代における高度な情報技術の利活用、情報公開・個人情報保護の紛争の未然防止、法的知識を基にした組織マネジメントの追究、かゆいところに手が届く〈解決策のヒント〉等、住民のニーズや実務の課題に応える現場の知恵を交えた実践的な手引き。開示請求や審査請求手続をスムーズに。

【執筆者】(五十音順)
飯島奈津子:よこはま山下町法律事務所弁護士
嘉藤亮:神奈川大学教授
杉田博俊:東京都総務局総務部情報公開課主任(個人情報担当)
友岡史仁〔編者〕:日本大学教授
中島美砂子:中島法律事務所弁護士・公認会計士
平松優太:東京都総務局総務部情報公開課課長代理(個人情報担当)
村上宏祐:東京都総務局総務部情報公開課主事(個人情報担当)

信山社